能管善理
NENGGUANSHANLI

曾宪一等　著

光明日报出版社

图书在版编目（CIP）数据

能管善理 / 曾宪一等著 . -- 北京：光明日报出版
社，2019.12
ISBN 978 - 7 - 5194 - 5378 - 7

Ⅰ. ①能⋯ Ⅱ. ①曾⋯ Ⅲ. ①中学—学校管理—研究
—上海 Ⅳ. ①G637

中国版本图书馆 CIP 数据核字（2019）第 295752 号

能管善理

NENGGUANSHANLI

著　　者：曾宪一等

责任编辑：许　怡　　　　　　　　责任校对：周春梅

封面设计：中联学林　　　　　　　责任印制：曹　净

出版发行：光明日报出版社

地　　址：北京市西城区永安路 106 号，100050

电　　话：010 - 63139890（咨询），010 - 63131930（邮购）

传　　真：010 - 63131930

网　　址：http：//book. gmw. cn

E - mail：xuyi@ gmw. cn

法律顾问：北京德恒律师事务所龚柳方律师

印　　刷：三河市华东印刷有限公司

装　　订：三河市华东印刷有限公司

本书如有破损、缺页、装订错误，请与本社联系调换，电话：010 - 63131930

开　　本：170mm × 240mm

字　　数：241 千字　　　　　　　印　张：18

版　　次：2020 年 3 月第 1 版　　　印　次：2020 年 3 月第 1 次印刷

书　　号：ISBN 978 - 7 - 5194 - 5378 - 7

定　　价：75. 00 元

卷首语：管理的智慧

　　管理者要学会及时总结提炼自己的管理经验和智慧，在管中理，在理中管——在管中思、在理中思——让思想有理性，让思想有升华，努力做智慧型管理者。

　　本"管理"著作合集，是2017—2019年校本干部培训作业，感谢全体行政干部按时完成作业。真是不逼自己一把，还真不知道自己能写出管理文章！相信我们管理团队一定越写越能写，越写越会写，越写越爱写。

　　近几年，学校管理从不敢管到敢管——上了层次，因为不敢管是管理的大敌，管理者不敢管，被管理者就越来越嚣张，反过来会欺负管理者。管理者从敢管到善管——上了境界，管理要不欺负软的，不怕硬的，因为管理者不得罪坏人就一定要得罪好人，所以宁可得罪坏人，管理就是拿坏人先开刀。

　　管理者既要善于总结经验，又要善于反思，知得失是为了更有益于下一步工作。管理要不怕失败，失败不等于无效，失败也是正面交锋，更需要勇气。如果是我们不了解情况导致失败，那就诚恳道歉；如果是对方无理取闹，那就第二次、第三次交锋，坚决斗争到底。

　　管理就是敢于担责，能自己解决的问题和矛盾决不上交，因为给领导添麻烦是没能力的表现，领导这次可以帮忙解决，但不可能一直帮你解决，最终一定要自己解决问题和矛盾。

　　管理就是沟通到位，提高沟通能力和实效是管理者始终要修炼的，沟通贵在真诚，贵在换位思考。沟通包括和上级的及时汇报，和下级的及时商议，这样才能做到政令畅通，上下一致。尊重是沟通的基础，有话好好说是沟通的关键，沟通做好后可能还要及时反馈。

　　管理就是细致服务，首先为法人代表——校长服务，其次是为师生服务。服务就要讲求奉献，服务就要吃苦耐劳，服务就要忍耐委屈，服务就要立己达人。管理者在服务中成长，在服务中体现价值，在服务中被需要，在服务中积累经验。

　　管理就是做人，做个正直、向上、高尚，有正事、有学问、有公心的领导者，引导师生做好人好事，有好心态做好学问。

　　管理需要经验，尤其是为人处世的成功经验、超越自我的经验、勇于创新的经验。

　　经验有时也是动态的，经验不仅需要积累，还需要创造，还需要生成。所以经验有时是靠不住的。知道这些，不为经验论，就是智慧，智慧才是最靠得住的。

　　管理的智慧是识人的智慧，是用人的智慧，也是激励人、发展人的智慧，在人尽其才基础上增长才干。

　　管理的智慧在于让人有成就地做事，管理的智慧在于让人愉快地做事，管理的智慧还在于让人用心地做事。

　　管理的智慧需要在实践中总结。及时把管理智慧写下来，与人分享，善莫大焉！

　　管理的智慧就是智慧地管理。

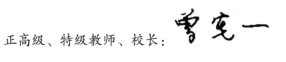

正高级、特级教师、校长：

目 录
CONTENTS

一、学校管理

科技兴学：为科技兴邦奠基

——科技特色办学的实践经验[*]

办学办文化，提炼了"汇学"学习文化的四个境界，尤其是创新的课程文化、做学问的科研文化；办学办课程，继承中国校本课程发轫地，尤其是实施创新教育课程，徐汇中学以工程素养培育的科技创新课程群建设为抓手，以中学为主导，整合9所大学、3家科研所和6个高科技公司的教授和高工为我所用，开发了高端的"2＋X"课程群，借助外力，培养了一大批特色复合型教师，师生获奖颇多，使学校成为名副其实的科技特色中学。

一、汇学校训内涵的创新阐释

学校的办学文化：徐以成己，汇则达人；徐以兴学，汇则兴邦——成己达人，兴学兴邦。成己达人：成就自己，通达他人。"成己"的内涵是慎思明辨，培养能力；"达人"的内涵是服务人群，追求公义。兴学兴邦："兴学"就是汇学——古今传承，中西汇通。在学习层面上我们把汇学分为四个境界——荟萃菁华广学博识的"荟学"，掌握规律善于学习的"会学"，智慧养成学以致用的"慧学"，古今传承中西汇通

＊ 本文作者曾宪一，徐汇中学校长、正高级、特级教师。

的"汇学"。

办学办文化：学校是培养文化人的地方，学校是文化积淀的场所，把学校办成文化老店。办学办课程：通过工程素养培育系列课程群的丰富多彩的课程，为未来把学生培养成工程师、科学家奠定学识学力基础。

二、突出科技创新的办学思路

形成"以工程素养培育为创新教育抓手，在传承中发展，在发展中创新，为学生未来成为工程师、科学家奠定学识学力基础"的办学思路，努力做到特色鲜明、提升内涵、兼容并行。表1列出了我校历年科技特色班的扩建情况。

徐汇中学历年科技特色班扩大建设情况

1993 年	初中 8 个班			高中 6 个班
	科技 1 个班	音乐 1 个班	美术 1 个班	科技 1 个班
2000 年	初中 8 个班			高中 6 个班
	科技 2 个班	音乐 1 个班	美术 1 个班	科技 2 个班
2015 年	初中 10 个班			高中 6 个班
	科技 3 个班	音乐 2 个班	美术 2 个班	科技 2 个班
2018— 2019 年	初中 14—15 个班			高中 6 个班
	科技 5 个班	音乐 4 个班	美术 2 个班	科技 2 个班

我们把工程素养具体阐释为具有"扎实的科学知识基础、突出的操作设计能力、积极的技术应用意识、卓越的人文审美旨趣以及深厚的造福社会的情怀"（特色解读具体如表2）。

表2　工程素养的具体阐释

科学知识基础	操作设计能力	技术应用意识	人文审美旨趣	造福社会的情怀
基础学科+生命科学、工程科学、新科学新技术、其他创新科技等	动手操作能力、信息收集分析处理能力、项目完成能力、沟通能力等	设计能力、解决问题能力、终身学习能力、写作能力、创新能力等	人文素养、艺术素养、体育素养等	服务意识、安全意识、环境意识、健康意识、责任担当、爱国情怀等

实现育人目标的总体思路如图1所示。

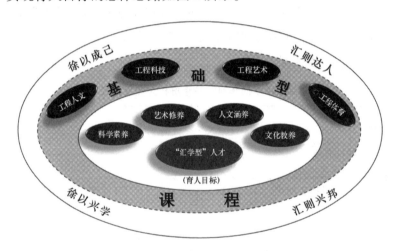

图1　徐汇中学实现育人目标的总体思路

三、组织管理

发展是硬道理，为了突出"发展"这一目标，为了落实"以人的发展为本"这一理念，为了做好"课程和文化"两项重点工作，学校进行了机构改革，具体如下：

成立科研与课程发展中心以教育科研引领学校特色建设（如图2所示）。学校坚持以教育科研引领特色学校建设，专门成立科研与课程发展中心,特级教师史莉莉通过公开竞聘为部门主任,开展了多项支撑特色建设的课题研究,学校科研和课程工作实现了历史性突破。如教育部课题"中学与大学共建对接课程群实践研究",以可持续发展教育的理念审视学校校本课程现状和存在问题,前瞻性地做与大学的对接课程;市级立项课题"创建中学工程技术特色多样化发展学习模式的实践研究",探索培育中学生工程素养的学习模式(这是徐汇区中学学段2018年唯一市级立项课题);开展区级重点课题"构建汇学学堂的理论和实践研究",研究在基础课程中如何渗透工程素养内容。

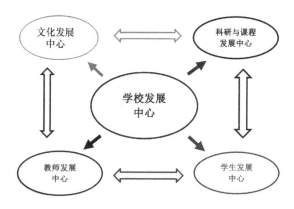

图2 徐化中学几大发展中心

科技创新特色建设组织运行情况如图3所示。

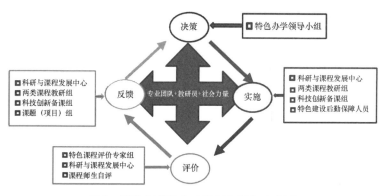

图3 科技创新特色建设组织运行示意图

四、课程与教学

（一）整体设计架构学校课程体系

本着在基础型课程中渗透、在拓展型课程中突出、在研究型课程中深化的实施思路，重新构建汇学课程的整体框架，如图 4 所示。

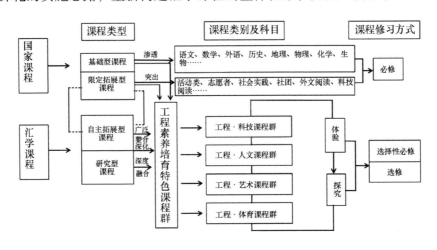

图 4　徐汇中学课程体系

（二）整体构建工程素养科技"2 + X"特色课程群

目前已建成比较成熟的以"生物工程 + 交通工程"为主的工程素养培育"2 + X"特色课程群。

（三）工程素养科技特色课程的分类设计

根据不同的目标指向将课程分为"2 + X"，即生物工程、交通工程类课程群和其他工程课程群，共计 32 门课程。其中生物工程课程 11 门，交通工程类课程 7 门，其他工程课程（含"双新"种子课程）13 门，共涉及 12 个工程领域。

（四）工程素养科技特色课程的分层设计

将"2 + X"课程群设置为 A、B、C 三个梯度。A 层为全校普及型必修课程，B 层为兴趣拓展特长提高型课程，C 层为课题研究创新课程。分类分层设计确保课程惠及全体学生的同时，给予高兴趣度学生更广阔的发展空间，从而满足不同层面学生需求。通过知识普及、活动体验、技能强化、创新探究由低向高逐渐提升的分层实施课程，从兴趣培养到高阶思维训练分层递进地培养学生的工程素养。

学校通过工程素养培育特色课程与基础型课程有机结合，与拓展型课程广泛整合，与研究型课程深度融合，辅以灵活多样的实施方式和校本化学习支持系统统整三类课程。

（五）工程素养培育特色课程与研究型课程深度融合

与工程素养培育特色高度融合的研究型课程（如图5所示）得到高度好评，在上海市教委教研室进行的"基督教"调研中，我校课程与教学方面是徐汇区高中做得最好的学校，专家提炼了三大经验：一是梳理了融合课程资源，提升校本课程整体效能；二是深入开展了教学优化的实证研究，增强学生的自主感与学习力；三是课程开发视野开阔，课程管理的思路与方法值得推广。有关经验在《文汇报》、东方网等多家媒体做了报道，《基础教育参考》《现代教学》等也做了专题报道。

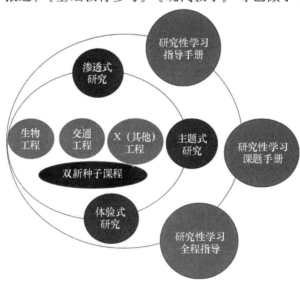

图5　研究型学习模式图

（六）课程实施策略与方式的有效探索

社团活动实行"植入性"策略、拓展型课程和研究型课程实行"应用性"策略、基础型课程实行"渗透性"策略（如图6所示）。通过实践探索，我们采用跨学科内容整合、"主题式"统整、实地体验三大做法，满足了工程素养培育课程的实施要求。

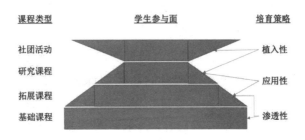

图6　课程实施策略图

跨学科内容整合即课程的实施需整合两门或多门学科知识，例如"火星车救援"课程就需要运用化学、生物、物理、地理等多门学科，整合"无人机""车辆驾驶""计算机编程"等课程内容。

"主题式"统整即从问题的解决切入统整不同的课程内容，例如"污水处理系统"就统整了"绿色能源""机械原理""化学工程"以及历史、政治、地理等学科内容。具体的主题式课程统整方式见图7。

实地体验即课程与实地情景融为一体，如波音787模拟飞行课程领着学生走进虹桥机场飞机维修中心、调度中心、飞行培训中心，参观C919大飞机制造基地进行实地体验。

（七）课程实施的载体与途径的创意设计

学校根据需求大力建设特色实验室。建成了生命科学创新实验中心5个、高铁调度和驾驶2个、波音787模拟飞行驾驶2个、无人机1个、3D打印2个、汇学天文台1个、卫星创客1个、火星车2个、"人工智能+"、"5G+MR"等16种22个科技类创新实验室（具体见表3），形成了集实验演示、动手实践、拓展探究于一体的实验室群。同时，建

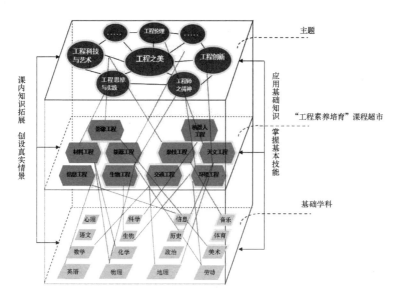

图7 徐汇中学"主题式"课程统整示意图

设了校史博物馆、科技图书馆、任显群外文图书馆、心理健康中心、11个特色教师工作室、勤体馆、影像创新演播中心、魔术室、戏剧教室、合唱、飞镖室、桥牌室等类支撑工程人文艺术体育和心理类课程实施的特色场馆和专用教室。

表3 工程科技类创新实验室

名称	功能	学科或团队
污水处理实验室	掌握污水处理整个循环系统的原理及使用	化学
微生物培养实验室	培养微生物用于各种实验	生物
生物信息实验室	利用生物信息进行大分子模拟实验	生物
基因工程实验室	动植物基因检测	生物
生物安全实验室	瘦肉精、农药残留检测	生物

名称	功能	学科或团队
水下机器人	水下机器人的编程使用、组装和开发研究	体育＋英文
高铁模拟驾驶实验室	高铁驾驶遇到各种情况的真实模拟	物理＋数学
高铁调度实验室	杭州东到上海虹桥7座车站的动车调度	物理
波音787模拟飞行驾驶（2个）	体验模拟驾驶和飞行研究	语文＋数学
无人机	无人机航空拍摄	家长志愿者＋体育
3D打印（2个）	编程设计及打印	物化团队
火星车（2个）	火星救援体验与研究	物化生
太阳能实验室	学生探究学习太阳能发电系统、雨水收集系统	物理
太阳能发电站	进行学校发电、节电研究	物理
汇学天文台	气象观测实验、短时天气预报的制作及播报、大气颗粒态污染物浓度变化及影响要素探究等	地理
卫星创客	航天方面制作和发射卫星	物理、地理
火星车机器人	登陆月背的机器人	地理、物理、计算机
人工智能＋	汽车驾驶方向的人工智能	物理、数学、计算机
5G＋MR	利用5G技术的虚拟现实技术	地理、物理、计算机

五、创新与亮点

（一）两个创新点

1. 特色建设撬动了学校教育教学整体变革，为学校发展注入活力

我校用特色建设撬动学业质量，处理好了特色建设与高考改革的关系。工程素养培育的特色办学促进了学校教育教学质量的高位稳定，在全市创建特色高中的行列中做到了一流的学业成绩、一流的特色竞赛成绩、一流的课题研究成果。

创新点在于我校与多所大学共建课程"需求调研——精准决策——开发设计——实施准备——教学推展——管理评估"形成了有效机制。课程由中学主导，在课程建设和实施中使得中学具有充分的自由度和自主权，不再过度受制于大学或第三方机构的限制，充分发挥中学方面的能动性，考虑和适应中学生学习的特点和需要。课程实施具有灵活性和广泛性，尽可能地惠及更多的学生，给学生留出更多的选择机会和余地，让学生发现和培养自己的兴趣特长。

创建工程技术特色多样化发展学习模式（如图8所示），从理念到实践落实了生本学堂。我校特色课程的实施采取了"主题式"课程统整策略，让学生选择感兴趣的主题，在主题研究中发现新问题，在研究中解决问题。

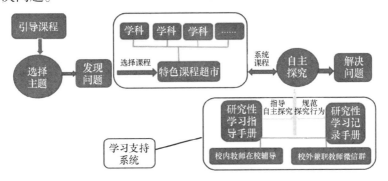

图8 徐汇中学工程技术特色多样化发展学习模式图

2. 特色发展创建了校园"研究场"，为师生研究品质的形成创设了氛围

学校根据工程素养培育特点在校园工程规划和特色实验室建设中创建"校园研究场"。在重德楼屋顶建太阳能实验室，在勤体馆楼顶建太阳能发电站，在砺行楼楼顶建汇学天文台，还设计了体现工程素养有科技特色的校园文化景观，利用游泳池开设水下机器人课程，建专用场馆和教室为师生做研究提供充足的空间。

科学实验室是研究场、学堂也是研究场，师生们都认识到"在学习中研究，在研究中学习"——"学习即研究，研究即学习"，大兴研究之风，研究成果累累。通过特色课程建设形成了做学问的"研究场"，提升了师生研究能力，促进了创新教育全面实施，培养了学生动手实验实践能力和跨学科综合思维能力。

（二）四个亮点

1. 科学特色在传承中创新

通过"工程素养培育"传承并发展了"崇尚科学"的特色办学实践。学校办学特色的发展从生物工程实验室群到交通工程再到工程素养培育特色办学，是立足于学校文化传统和学生发展需求，是对我国学生发展核心素养培育的校本"落地"，体现了全面教育与个性发展的有机结合，也完全与科技兴市、科技徐汇的发展目标相吻合，传承了明代著名科学家徐光启崇尚科学的基因。

工程素养培育特色已进入深度践行层面并取得了喜人成果。目前，师生们已能将工程素养内化于心、外显于行。从以下几组数据可以明证：学生工程素养培育"2 + X"特色课程的参与率为100%（因为 A层课程为全体学生必修课程），对课程的满意率为98%以上；全校教职员工特色创建的参与率为100%；实践层面活动开展率为100%，初高中科技班做了科技衔接课程，学生相关科技获奖连连创历史新高，学生的综合素养得到大学和家长充分肯定。

2. 科学课程注重前沿与创意

上海交通大学和中科院巴斯德所帮助开设的 11 门生物工程课程，是名副其实的前沿科学；同济大学帮助建设的高铁调度与驾驶是中国乃至世界级的中学实验室，比同济大学的实验室还高级一个版本；波音 787 模拟飞行驾驶、火星车、水下机器人课程也是高大上的典型科技课程。增建的科技图书馆、世界名著外文图书馆和魔术等专用教室也是创新教育的高大上场所。

3. 提升特色教师课程创意和开发力

（1）工程素养培育课程与基础型、拓展型、研究型课程有机整合的实施模式。我校工程素养培育特色课程内容植根于基础型课程之中，与学科教学有机结合，与拓展型课程广泛整合，与研究型课程深度融合，建构起兼顾全面育人与特色发展的学校课程体系，形成了工程素养培育与基础型、拓展型、研究型课程有机整合的实施模式。满足学生的多元需求，注重发现学生创新思维的火花，挖掘学生的发展潜能，促进学生全面而又有个性地发展。

（2）分层分类的课程设置和实施方式为学生提供了多样化选择。我校工程素养培育课程在设计和实施中充分考虑学生的发展差异和个性特长，以 "2 + X" 课程群的分类与 A、B、C 三个层级的分层递进和分类实施提供给学生自主多元选择，学生根据自身发展需要有兴趣地学，有选择地、分阶段地学，从而使大多数学生学出自信心、成就感。

提升了教师的课程开发力，总结了特色课程开发经验：一是在课程的开发和教材的编写过程中，特色课程教师在专家指导下，主动学习、自主发展、自我超越的意识和能力得到激发，专业素养显著提升。二是形成了一套支撑学校特色建设健康、持续发展的组织管理和评价体系。三是注重工程素养理念与学校文化建设的有机融合，将工程素养培育特色融入学校文化形象设计、班级文化建设等方面，力求通过校园文化潜移默化地培育学生工程素养。

4. 特色建设促进师生全面发展

特色建设使学校价值追求更为明确，战略选择更为精准，科学特色更为凸显。特色建设不仅提升了师生工程素养，更促进了综合素养的全面发展。学校通过工程素养培育提升了办学品质和品牌辐射。由特长到特色——由特长项目向特色学校转化：工程素养培育的科技特色是学校的最大亮点。由局部到全面——由面向科技精英向面向全员科普转化：由少数师生创新或竞赛为主的精英向全体师生全面参与的普及教育转化。由形式到内容——由活动项目向特色课程转化：以前是单一的科技活动，现在发展为课程群。由单项到多项——由单体项目向多元课程群转化：以前是以生命科学为主，现在向交通、机器人等十多个工程科学拓展。由表面到内在——由"兴趣"驱动向"志趣"培养转化。由个人到群体——由个体名师向优秀团队转化。

学校与时俱进的管理变革创新实践

——以上海市徐汇中学为例*

在大发展的年代小发展就会落后，发展即意味着变革，本文以上海市徐汇中学为例，通过管理机制、师资队伍培养模式、特色课程、课堂教学、评价方式等方面变革，学校走上了发展的快车道，成为上海科技特色办学的排头兵。

一、变革管理机制

为了解决管理人员责任不清、职责不明、人员老化没有激情等现实问题，本着"以发展为目标，以核心工作为抓手"的原则，我决定变革学校管理机制——成立学校发展中心，下设教师发展中心、学生发展中心、科研与课程发展中心、文化发展中心四个部门。学校主要风险点在于后勤，撤销总务处，把后勤社会化，通过招标购买服务让专业物业公司派人驻校管理，相关事项处理纳入学校发展中心，学校发展中心主任由法人代表校长担任。所有部门设置都是为了"发展"，发展为第一要务，体现"以人为本"的是教师和学生两大发展中心，教师和学生的发展才是学校发展的出发点和根本点，学校的核心工作是"课程 +

---

* 本文作者曾宪一，上海市徐汇中学校长、正高级、特级教师。

文化"，因为办学办课程，办学办文化。由科研和课程发展中心具体负责科技创新课程开发实施，由文化发展中心负责在传承学校优秀文化基础上进一步提升学校文化品质。

变革用人机制——实施中层干部公开竞聘上岗，变要我干为我要干，从2015年至今已公开竞聘中层正职5人、副职10人。竞聘者竞聘时在全校骨干教师、两长以上管理者和教代会代表、全体党员的竞聘会议上述职，表明施政想法和承诺，还要接受校长、书记现场答辩，竞聘成功者试用期为一年。有4位能力优秀的中层副职干部竞聘成功后又成功竞聘为中层正职。

变革会议形式——开问题单会议。每个部门每周必须在行政会之前召开本部门会议，部门会议由部门主任主持，亚青分管校长参加，总结本部门本星期工作、研究下星期工作，共同研究本部门准备报校行政会的问题单。问题单的主要栏目有问题名称、问题现象描述、问题追因分析和责任人认定、问题改进措施和方法、问题解决反馈。开解决问题的高效率会，严格控制会议时间，绝不开马拉松会议。变革教工大会为专题月活动展示总结会，由部门主任主持会议，由一线教师唱主角，由分管校长点评，使更多骨干教师得到展示亮相。

二、变革师资队伍培养模式

改变以往劳模型教师为主的培养模式，把培养汇学型研究型教师作为培养目标，汇学型教师的四境界：荟学—会学—慧学—汇学。荟萃知识博学的荟学，掌握规律方法学会学习的会学，智慧地学、学出智慧——养成智慧人格的慧学，古今中外、中西汇通的汇学。师生和家长共做研究性学习，都努力成为汇学型人才。

分层次培养做学问的师资队伍。一是见习教师。培养有灵气的年轻教师，由以往一人带教改为多人团队带教，鼓励复合型教师。因此学校连续多年被评为上海市见习教师基地校、见习教师基地示范校。二是骨干教师。带头开课、做学问做课题、带教，形成"市级—区级—校级"三级"教学、德育和科研"三类骨干网络（如表1所示）。培养有大气的带教导师，用骨干教师队伍支撑学校师资质量，在骨干教师队伍里培养出高端教师。三是高端教师。学校全力支持高端教师出专著，给高端教师配师傅、给平台、压担子，形成培养梯队。学校现有2个正高级教师、3个特级教师、4个区级学科带头人，是徐汇区正高级教师和特级教师最多的大型学校。

表1 徐汇中学三级三类骨干统计

级别	教学骨干	德育骨干	科研骨干
市级	12	5	11
区级	25	13	20
校级	65	23	19

三、特色课程开发与变革

传承明代大科学家徐光启基因，传承"崇尚科学"办学传统，校歌中有"攀登科学高峰"，历史上有6次实验室更新。

为了保障课程的有效实施，学校根据教学需求大力建设特色实验室。目前，建成了生命科学创新实验中心5个实验室、高铁调度和驾驶2个实验室、2个波音787模拟飞行驾驶、2个3D打印、2个火星车、1个无人机、1个汇学天文台、1个航天创客、1个"人工智能+"、1个"5G+MR"创新实验室等18种22个工程科技类创新实验室，形成了集实验演示、动手实践、拓展探究于一体的实验室群。同时，建设了"汇学"校史博物馆、科技图书馆、任显群外文图书馆、心理健康中心、11个艺术教师工作室、勤体馆、影像创新演播中心、魔术室、戏剧教室、合唱、飞镖室、桥牌室等类支撑工程人文艺术体育和心理类课程实施的特色场馆和专用教室。

创建"2+X"科技创新课程群："2"指的是"生物工程"和"交

通工程"，"X"指的是"其他工程"（含"双新"种子课程7门），共建设了涉及12个工程领域32门科技课程（如表2所示）。2014年我们到交大生命科学院诚请他们帮忙，在原有5个实验室群基础上又新开设了3门生物工程课程，2015年我们走访了上海滩创新实验室建设最好的上中、格致、七宝、宜川等名校，还多次去了交大、同济、上大、上师大等大学，终于感动了洪玲教授帮我们建设高铁调度与驾驶实验室，党的十九大让高铁成了"新中国新四大发明之一"。2016—2017年我们又建设了太阳能发电实验室，开设了无人机、7门双新种子课程，有2门还延伸到了初中，2门课程成为上海市首席轮值校，9人成为教材特约编写者，1人获得上海市拓展课评优课一等奖第一名，1人被聘请为上海市研究型课程和拓展型课程评优课评委组长。2018年我们新建设了火星车、水下机器人等课程；在初高中起始年级全面开设了编程课程；我校代表两类课程品牌校在上海课改30年交流发言；部级课题"中学与大学共建对接课程群实践研究"成功结题，成为"中国未来创新人才培养教育联盟会员单位"；与中科院巴斯德所签约又开设了3门创新课程，甚至还在地段生班开设了魔术班，引进上海非物质文化遗产莫派魔术。2019年上半年我们开设"人工智能＋"和"5G＋MR"课程，正在创建机器人为主的"火星车"项目实验室和"卫星创客实验室"。

表2　11工程领域和32门科技课程

工程	课程名称
生物工程	微生物生物工程发酵系统
	现代生物信息生物大分子与药物设计的计算机模拟系统
	生物化学与分子生物学基因操作实验系统
	生物安全与食品安全的快速检测
	尼古丁的生物降解
	肿瘤细胞捕获模拟实验
	转基因水稻和玉米的快速检测

续表

工程	课程名称
生物工程	微生物艺术绘画
	利用 SYBYL 设计和模拟药物
	蔬菜与副食品的农药、兽药残留检测系统
	食品中动物源成分的检测鉴定
交通工程	波音 787 飞机模拟驾驶
	轨道交通调度
	高铁模拟驾驶
	月球车（火星车）
信息工程	大数据的奥秘（"双新"种子）
	计算机程序控制（"双新"种子）
	地理信息技术在城市管理中的应用（"双新"种子）
环境工程	污水处理装置系统
	简易空气净化器制作及性能评价（"双新"种子）
材料工程	多彩的功能膜（"双新"种子）
	3D 打印的技术与创意（"双新"种子）
能源工程	太阳能发电（"双新"种子）
影像工程	无人机航拍
	影像创新实验室
杂技工程	魔术创新实验室
机器人工程	水下机器人 + 机器人救生
	人工智能 + 自动驾驶
天文工程	宇宙探秘
	探月背机器人火星车
	航天创客——卫星制作与应用实验室
通信工程	"5G + MR"实验室

成立科研员队伍、科技创新备课组、两类课程教研组：每个部门和教研组遴选了笔杆子好的硕士生担任部门或学科科研员，共有23位，他们既是教研组长的文字秘书，又是本学科科研的生力军，为推动做学科教育教学学问起到了带头和促进作用。为了进行跨学科整合教学研究，学校成立了两类课程教研组，从课程层面组建研究队伍，重点研究跨学科课程的创建和实施乃至评价。还成立了科技创新备课组，专门研究动手实验实践课程各实验室整合互动课程的深度开发，深入开展创新教育。这三支队伍最有可能成为复合型教师。

召开学校科技创新大会。学校给学生申报发明专利，每年召开一次学校创新大会，营造鼓励创新、大胆创新、创新者光荣的氛围，评选创新课题、创新型教师、科学院小院士、科技之星、汇学校长奖等，让有科技特长的孩子到外地展示，还开发科艺体结合课程，努力攻关整合创新、跨学科创新项目，从人财物多方面支持创新教育。

四、变革讲堂为学堂——变革学习方式

构建认知启动式学堂，倡导自主自学自育。

（一）变讲堂为学堂的基本认识和遵循的学习原则

学堂是以学生的学为中心设计学习过程和经历的场所，它以支持学生学习为根本，也称为生本学堂。学堂和课堂有着很大区别：一是出发点和根本点不同——课堂的主人是教师，学堂的主人是学生；二是核心活动不同——课堂是以教师的教为主要活动，学堂是以学生的学为主要活动；三是评价不同——课堂是以教师教得好不好为评价标准，学堂是以学生学得好不好为标准。在学堂中教师的角色不是主角而是配角，不是包办者而是助学者；在学堂中学生的角色不是被动者而是主动者，不是依赖者而是独立者，学习主要是靠学生自己主动。在生本学堂中我们倡导三个转型：由"主讲灌输式"转变为"对话式"；"以教师、教材为中心"转向"以学生的学习为中心"；"以教为主"转型为"以学为本"。努力做到学的方式是倡导自学、评的方式是评思维品质、发展的方式是主动发展。

学堂遵循的学习原则：预学再教、能学缓教、观学思教、自学少教、以学评教。教师是"引发—维持—促进"学生学习的人。"习惯出能力"，让学生做主动有为的人；"学法出成绩"，让学生做学会学习的人；"提问出思路"，让学生成为学会做学问的人。

（二）"学堂"的主要特点和重要因素

"学堂"的主要特点：低耗高效、动态生效、整体有效。高效学习的重要因素—题目。从"选题目—讲题目—命题目"的过程最能看出学习者的学习真本领。因为选题的针对性、方向性可以保证做正确的事情；讲题的操作性、实效性可以保证正确方法做事；命题的前瞻性、先进性可以保证走在别人前列。

为了把学堂建设落到实处，学校开展了"双百工程"——百题工程＋百课工程，要求教研组必须进行主题式教研，三年研究100个教学问题，两年开100节公开课。

（三）高效学习的实施策略

用好教材资源是高效学习的基本点：教材不能不靠，但也不能全靠。

了解学生认知是高效学习的立足点：基于"主体"，立足主体，依靠主体，为了主体；基于"实践"，充分实践，主动实践，有效实践。

制定适切目标是高效学习的落脚点：倡导教师应写学历案。学习目标坚持"三优化一提高"：优化目标，明确、准确；优化方法，得当、有效；优化训练，充分、充实。

改变学习方式是高效学习的着力点：倡导"主动、探究、合作"的学习方式。

坚持优化训练是高效学习的效益点："精练"首先要确定哪些内容该练，要做到三个必练：核心问题、思路方法、学习疑点。做到学堂三精：学精华、思精彩、练精要。

策略方法指导是高效学习的支撑点：指导学生"预学""研学""自学"，尤其是教给学生自学的有效操作流程，相信学生的自学能力是教师的"道德"立足点。

教与学的和谐是高效学习的关键点：教学效能的测评有两大要素："问题提出"和"时间控制"，二者和谐程度决定了思维质量。是问题驱动了学堂，是对话演绎了学堂。

缩小个体差异是高效学习的平衡点：能把好学生教好的老师是不稀奇的，但能帮基础落后学生学好的老师才是让同行信服的。

善于动态生成是高效学习的关注点：高效学堂特性是主动性、生动性、生成性。学生是以学习为生的人，有学习态、发展态、生命态。

坚持质疑思辨是高效学习的生长点：教师是靠深度思辨学习发展的。对于一些有深度难度的问题，需要学生完全静下心来深入思辨。

学堂倡导学习科学时要探究问题，理解规律；学习技术时要设计方案，操作试验；学习文学时要熟读经典，领悟发挥；学习艺术时要鉴赏，审美立美。

学习方式以教师主导为主转变为师生研究为主，学校成为研究场。倡导研究型学习，尝试主题式学习：教师引导学生基于自身情况选择自己感兴趣的主题，引导学生开展渗透式、主题式、体验式研究，在丰富学习体验的同时，提高灵活运用知识和技能以及发现问题、解决问题的能力。同时，教师编写了《研究性学习指导手册》《研究性学习记录手册》等学习手册，支持学生开展研究型课程。做到了全体高中学生均参与课题研究，近三年学生校级课题立项289个，2017—2018年评选出优秀课题58个。学生在2017年和2018年连续两年的学习经历社会化评价中以人数多（18＋40）和优秀率高居于上海市第一名。

学校的研究型课程的实践得到多方面认可，在上海市教委教研室进行的"基督教"调研中，我校作为徐汇区高中的点上学校迎检，得到专家高度好评，课程与教学方面是徐汇区高中最好的学校，有三大经验：一是梳理了融合课程资源，提升校本课程整体效能；二是深入开展了教学优化的实证研究，增强学生的自主感与学习力；三是课程开发视野开阔，课程管理的思路与方法值得推广。有关工程素养培育的经验在《文汇报》、东方网等多家媒体做了报道，《基础教育参考》《现代教学》杂志也做了专门报道。

五、变革评价方式

一是所有职称晋升、评优评模、年终考核等均先由本人对照标准实事求是自评，获奖情况由人事部门认定，分管中层干部包年级组给每位老师根据平时表现及教学效果等打分，校考核小组认定，不再投票！这样就彻底解决了人为投票可能导致没评上人员不服的现象发生。先自评的好处就是自评者知道自己哪里做得好，哪里有问题需努力，考核小组只是认定即可，保证了公平公正，做到了每个人都是评价自己的主人。

二是创新课程必须制定评价标准，突出创新思维、跨学科能力、合作能力等有关动手实验实践能力和跨学科创新思维能力考核。做课程必须做评价，还要记好学分，以评价促进课程的实施效果，用评价引导课程的努力方向。

学分制评价：在工程素养培育特色课程的实施中采用学分制评价，设立 A、B、C、D 四档学分标准，其中 A 档为全员性学分要求。设立"知行"奖学金、汇学校长奖、汇学十大科技之星等鼓励有能力的学生获高等级学分。

特色课程学习评价：以学前准备、学习过程、成果呈现为评价学生学习的观测点，各个科学实验室分别制定课程学习评价表，分别以资料查询、学习动机、预判与设想为学前准备阶段评价指标，以自主选择能力、操作技能、设计或创新能力、反思修正能力、团队合作能力为学习过程评价指标，以内容、形式、结论为成果呈现的评价指标，来检验学生学习工程素养培育课程的实际效果。实验室创新课程评价的重点放在过程评价，强调学生的观察能力、动手能力，注重技能操作的规范性、完整性。学习水平兼顾普及、提高与创新三个梯度。表 3 至表 5 是以"高铁调度与模拟驾驶"为例，分别对学生进行的知识专业、技能考查、素养考查及综合评价。

表 3　知识考查和技能考查要点

类别	知识点		自查	互评	师评
知识考查	轨道交通运输特点与优势				
	轨道交通运输分类				
	我国铁路运输发展与布局				
	铁路系统的硬件组成				
	铁路列车编组				
	道岔转向功能				
	国外主要高铁系统				
	国产动车组				
	实验室沙盘模型识别				
	工程实验室概况				
	信联闭	信号机类型与功能			
		连锁概念及功能			
		闭塞概念及功能			
知识考查得分					

续表

类别	技能点		自查	互评	师评
技能考查	车站管理	设置通过进路			
		设置发车进路			
		设置接车进路			
		取消进路			
		确定来车位置			
	列车驾驶	列车摆放			
		列车启动和刹车			
		列车停靠车站			
		列车通过车站			
	沟通协作	简述沟通流程			
		驾驶员注意事项			
		值班员注意事项			
	其他岗位	观察员			
		记录员			
技能考查得分					

表4　素养考查要点

类别	素养点	自查	互评	师评
素养考查	沟通：积极主动、声音响亮、表达准确，呼应有序			
	协作：分工明确、积极沟通、坚守岗位、相互提醒			
	规则与安全：注意信号灯与路况，控制车速，不走神			
素养考查得分				

表5　综合评价表

综合评价表

高铁模拟驾驶		学生姓名：＿＿＿	评价时间：＿＿＿			备注
评价要素	评价内容	评价等级	自评	互评	师评	
学习品质	基础知识掌握	优秀：10 分 良好：8 分 合格：6 分 不合格：5—0 分				
学习品质	同伴的合作交流					
学习品质	资料收集整理和归纳					
学习水平	操作熟练程度					
学习水平	方法与技巧					
学习水平	创新能力					
学习水平	工程知识的储备					
实验设计	是否完成					
实验设计	协作能力					
实验设计	创新点					
我的收获						
教师评语						

学校管理干部的"四有"境界[*]

徐汇中学历经近170年的发展，按目前学校的地位、历史、使命和担当这几个层面来看，和这样一所百年老校相匹配的干部，从校级领导到学校中层，我想都应该做到四个"有"。

一、有大的格局

学校近几年来发展迅速，规模越来越大，学校教职工人数、学生人数可以说是公办学校中最多的，现在又增加了南校区，管理事务之多不言而喻。因此，管理干部要有大的格局，将一个学校多个校区、多个学段的发展提升到更新的高度。

二、有高的境界

做干部，不说吃苦在前，但一定是吃亏在前；不说享乐在后，但一定是庆功在后。所以，有没有高的境界，既决定着工作时是否心情愉悦，更影响着学校各部门工作的和谐程度。工作要有高境界，是对自我修为的一种历练与提升。如果没有这个境界，就可能会因为点滴小事，因为锱铢必较而心情低落。我校的各位管理干部，尤其是中层干部基本上是竞聘上岗的，符合"我要做"而不是"要我做"的选拔原则，都

---

    * 本文作者刘晓艳，徐汇中学党总支书记，高级教师。

是能够胜任岗位要求的，所以不断提升境界也是对管理干部的基本要求。

三、有强的能力

近年来，我校的管理干部已经在各方面进步显著。在市教研室"课程与教学"调研、工程素养展示、特色高中评审等大型迎检展示活动中，体现出了我们的工作能力。体系如此庞大的排课工作，我们的系统运作稳定；学生的行为规范教育，从细节抓起，落实到位；接待工作、环境布置等都做得细致，堪称完美。在突发事件面前，更体现出我们这个团队齐心协力强大高效的应急反应。但是，随着工作要求的提升，我们也都要问自己一句：能力是否够了？扪心自问之后，似乎回答都不那么肯定了。的确，我们并没有那份在自己分管领域很"能"的自信，需要提升的空间还很大。

四、有高的水平

这里所说的水平，并不是能言善道，而是解决问题的能力。老师的教学水平高，体现在能够教会别人教不会的学生。管理者的水平是否高，就在于是否能解决别人解决不了的问题，是否能解决历史遗留的问题，是否能管理好难管的人、难管的事。水平一定是在"实战"中提升的。我曾经看过一部电视连续剧《人间正道是沧桑》，很有感触。为什么共产党的队伍那么能打仗？他们打仗的水平是从哪儿来的？答案是我们的部队都是从实战中来提高战斗水平的。这和我们的工作是相通的，要学会动脑筋想办法解决问题。

基于这四个"有"，我认为还有几点需要强化。

首先，工作有条块，责任无缝隙。为了追求管理精细化，各部门都有自己的分管校级领导，这样工作起来划分实施更方便，但是责任是一样的。因此，我们每一个人都需要有大局意识。不能有某一件事情不是自己分管的，就抱有高高挂起事不关己的态度。否则，久而久之，就会出现"最好不是我管"的消极工作态度。责任无缝隙，则是指无论哪个部门的工作，责任一定是大家一起担。

其次，要挺身而出，责无旁贷。有些老师在面临工作安排时，将自己个人的事情无限放大，认为学校的事情是可以随便安排的。在他们的眼中，人事安排如同排七巧板那么简单，我凸出来的地方，一定要找到一个能够"凹"进去的地方相匹配。试想你若长满"牙齿"，那么又怎么和他人一起工作呢？学校老师也需要我们的管理干部进行"教育"，而我们的干部更要成为全体教师的榜样。每一个工作都很重要，作为干部，一定要服从安排。

再次，处理好管理和专业之间的关系。我们的管理干部，第一身份是老师。我们需要具备强能力，高水平。在课堂中，一定是比别人强、比别人高，哪怕现在还做得不够，也需要不断努力向前，这是对自己工作的促进。有些干部在教研组和年级组的工作中比较懈怠，这就需要给自己提个醒。我们的管理干部不仅要参与到各类学科教学和年级组工作中去，更要在其中起先锋模范作用。学校工作任何需要攻坚克难的地方都应该看到我们的身影。此外，在工作中要能够主动"对标"。这是从学生发展中心近阶段连续接受各项检查中得出的体会和启发。部门工作其实都有标准，学生发展中心拿出三个示范校的指标，所有部门五年一轮的督导指标，还有这一次"课程与教学"的指标，这些指标其实就是我们的常规工作的要求所在。

最后，希望大家能够提升能力。岗位需不需要你，你被不被人需要，取决于你能力是否够。当你不被他人需要时，需要认真从自身寻找原因。当布置工作时，如果你第一回应就是"我做不了"，那是不是有问题？工作中遇到困难，不要害怕，在游泳中学会游泳，没有人天生就会处理所有的工作。当遇到解决不了的问题时，应该以一句"我会努力的"去面对而不是逃避。努力提升能力，锤炼水平，使得自己始终被需要，这也是人生价值的体现。如果能成为主动请缨的领导干部，在我们的队伍中如果经常能听到这样的话语——"我来做""我负责""我试试"，这就说明我们的干部队伍整体都在向上，向高一级的目标进步。

管理与自我管理[*]

我自 2015 年竞聘为学校分管科研的副主任，到 2017 年 6 月竞聘分管学校科研与课程发展中心的主任，两年多的中层管理工作，在日日管理实践中反思。管理者是一个组织者、指挥者和资源的控制者，无论如何，为了充分发挥这些功能，管理者自身都应该是组织的资源，管理者通过对自身时间、技能和态度的控制，从而使其能从容应对压力，提高工作效率，并指导其努力的方向和促进其能力的发展。在工作、学习与实践中，管理是艺术，只有控制好自我管理行为，才能更有效做好管理工作。

一、时间与效率管理

"思考"是一种最积极地利用时间的方式，因此，要对学校的管理工作进行计划、组织以及控制管理工作以使资源得到最充分的利用，从而达到理想的结果。但是，如果我们总是急着应付一些"要紧事"，而不能紧张有序地工作，我们就会感到内疚。通常，一个人感到忙，就会变得更忙，因为没有时间提前进行思考或者开始行动，就会陷入危机管理的边缘。这样虽然花费了大量的时间，却不一定有实际的效果。计划执行的成功，主要得益于组织及其为管理学校制定的新的指导原则，然

---

* 本文作者史莉莉，徐汇中学科研与课程发展中心主任，正高级、特级教师。

而，每一个管理者也应学会管理自己的时间，这是很重要的。

对于成功的管理者而言，一个关键的因素是，将对时间使用的控制与处理事情的优先次序结合起来。一是时间利用分析，分析你的时间消耗。二是时间日志，以细致分析短期内对时间的利用。通过两年的管理经验，我认识到始终把握好现在和未来的时间是十分重要的，为此，我在日常工作中引入管理原则——行动日程表、行动日志和方案计划，包括分管的科研、课程和艺术相关工作。

行动日程表包括罗列出每天要做的所有事情；检查之前的日程表，把那些还没有做的事提前到当天；按照时间次序对要做的工作进行编号；对重要的工作做好标记。

行动日志，不仅要记下应该做事情的日期，约定的时间，还要定期进行检查，至少每周对这些日志进行检查，对每件事情进行时间分配。

方案计划，这是综合思考的计划，包括一系列行动要领或检查要点，确定应该做什么，什么时间做。（1）整理好整个行动计划。（2）公布计划中其他人需要知道的那部分内容。（3）在行动日志中记下"行动"的日期。（4）在有关如何实施的行动计划中记下时间的间隔。

确定优先次序，在决定如何利用时间时，按照轻重缓急明确先后次序，并与行动联系起来。区分什么是紧急的，什么是重要的。根据紧急先于重要的原则安排时间序列，先处理紧急的事情，再处理重要的事情。当然，也不能只顾处理紧急的事情而忘记处理那些重要的事情，并仔细考虑、组织和确定必须处理紧急（或者是重要）的事情，或者是可以委派人员处理，并因此对老师们起到激励作用、促进其发展。

二、压力与自信管理

时间管理的失败将引起压力的产生，当教育环境变得更加复杂、学生不礼貌的行为增加时，压力就会在教学领域蔓延，不仅会损害生活质量，而且会降低执行力，所以对压力进行管理很有必要。首先管理者必须认识到，有些压力在工作中是有价值的，压力可以提供挑战和动力，帮助提升成绩，同时，也是达到工作满意的一个因素。

压力产生的原因有一个累积的过程，学校压力的主要原因有学生无理行为，教育改革，时间压力，角色冲突、困惑或者过重的工作负荷，学校道德伦理等方面的规定对获取信息和支持的阻碍。自身的态度也会加剧压力：我们可能是理想的完美主义者，设置无法实现的目标；我们可能过于担心别人对自己的评价；我们可能会压抑自己的情感；我们可能对那些无理要求说"不"的自信不够。

学会对那些不合理的要求说"不"，是减轻压力的一种方法，也是训练自信的一个原则。自信概括为公开、诚实和简洁。自信应该区别于攻击性，通常不带有情绪，不希望将自己的意愿强加到别人身上，没有支配别人的要求。一个自信的管理者应该保持冷静，有效地控制情绪；进行客观实际的陈述（包括对自身感受的陈述）；尊重别人的利益和感受，寻找公平的解决方法，禁止单方面使用不适当的压力来强制征服和支配他人。

将自信传递给教师，有利于教师的专业成长。分管校本课程的两年多时间里，在自信的激励下没想到我们的老师成为市级课程编写的专家。一是"没想到"青年教师成长如此迅速。2016 学年徐汇区初、高中校本拓展型课程中青年教师教学评比大赛，我校张德贵、朱颖妍、苏裕和方莉四位老师参加了比赛，并取得了大满贯的可喜佳绩。其中，张德贵老师获一等奖第一名，代表徐汇区参加 2017 上海市中青年教师拓展课教学评优获得一等奖第一名，朱颖妍老师获区二等奖，苏裕和方莉老师获区三等奖。二是"没想到"校本课程编写教材多且有质量。一年来，老师们提交校本教材已有 60 本，在完善教材、扎实课堂、提升内涵方面狠下功夫。目前大部分教材已进入修订环节，教材编写、排版、封面的设计有个性、有质量，已有多本送入印刷厂印刷成册，许多已在校对修改中。已经评选两届"汇学杯"校本优秀教材。三是"没想到"专家把学生误认为老师。过去的两年，我校开出两类课程市区级公开课共30多节。市里来指导教研的专家给予很高的评价。钱张敏老师在进行《简易空气净化器》市级公开课过程中，有两位专家到场看见一位学生在讲台上交流展示，误认为是一名年轻教师在教学，可见学生举手投足之间已经彰显出一些科技创新工作者的专业素养。

两年多的中层管理工作，我每天都可能遇到新的问题，要想在压力中提升能力与自信，必须学习自我管理，好在我有20多年的带团经验，加之学习了专业的研究生管理课程，但我们常常习惯于某种固定的行为模式，而这种模式往往不利于我们达到预期目标。能力是沿着循环往复与实践性的学习的周期运行而逐渐发展的。在自我提升和帮助教师提升过程中，管理效果逐步显现。作为中层管理者要成为校长的左膀右臂，对于校长提出的工作中的问题、计划，我们怎样制定方案，消化落实有很大的学问，需要我们在工作中不断反思，提升能力。能力是知识、技能和才干的集合体，在一些特别的场合，三者各有作用。管理者要发挥各种作用，就需要具备基本的能力，并且需要提升综合能力，它可以帮助管理者集中组织必要的力量来处理特殊的事情。事实证明，通过系统的开发和培训，能力是可以得到提高的。没有什么是天生不可能改变的。能力的发展包括把事情做好（执行力），把事情做得更好（提高），做更好的事情（综合）。要"做更好的事情"，涉及探寻模式和理解他人——追求人生的目的、产生服务社会的抱负。

三、态度与行为管理

（一）具有坚定的目标和信念

信念坚定是指管理者的价值理念和目标追求与学校保持一致，凡事以是否有利于组织整体目标的达成作为判断决策的原则。

作为一个管理者，最基本的要求是要有目标追求，真正从内心里认为自己做的事情是有意义的、正确的，并相信这个目标是能够实现的。服务于老师学生的发展，而且能够把自己的目标与学校的目标统一起来，与学校的目标保持一致，将学校发展的目标作为自己的奋斗目标。

信念的力量是无穷的。一个信念坚定的人，是没有什么能够阻挡他前进的，他会想尽各种办法去战胜前进中的艰难困苦，达成目标。相反，一个没有信念、没有目标的人，很容易左右摇摆。一个信念坚定的人，能够抵挡各种诱惑，始终维护学校的利益。

（二）在关键时刻敢于担当

正常情况下，一个管理者只要履行好自己的本职工作职责，达成业绩目标，不给上级和其他人增加麻烦和负担，就算是不错的表现了。但是，没有经历过关键事件的考验，就不能认定为优秀管理者，因为正常的经营管理环境下并不能检验一个管理者是否具有担当精神。

为何敢于担当对一个管理者如此重要呢？因为任何一个组织的发展都不可能是一帆风顺的，一定会经历很多困难、失败和挫折，越伟大的组织越是如此。

发展过程中组织或团队有时候会出现命悬一线的关键时刻，这时候能够挺身而出，敢于牺牲自己的利益，勇担责任，带领大家共渡难关的人，才能担任关键的领导岗位。

那些在困难时刻还跟组织讨价还价，推脱责任，甚至退缩逃避的人都不能做高管。这是干部的选拔和任用中的"底线思维"，确保任用的管理者在关键时候不掉链子。

（三）具有成就他人的宽广胸怀

为什么成就他人是重要的管理价值观呢？因为管理就是通过他人完成任务而达成组织目标的行为。作为管理者来说，必须谨记，自己个人的成功不算成功，只有你的团队的成功才是你的成功，这是作为一个管理者起码应该有的意识和概念。

真正的优秀管理者，都乐于分享自己的成功经验，会为他人（下属、同事）取得的进步和成就发自内心地感到高兴，主动为他人（下属、同事）发展提供机会、指导和帮助，乃至于在必要的情况下牺牲自己的机会，为更有发展潜力的人员或更需要发展的人员的成长与发展提供宝贵的机会，并给予积极的、一贯的支持。

我们看到古今中外，优秀的管理者都具有成就他人的理念和行为，淡泊名利，虚怀若谷，乐见他人成功，甘当人梯和铺路石子，关注下属的成长平台。

（四）做一个务实肯干的人

管理者无论是在组织内部还是外部，公开讲话的时候比较多，因此容易给人一种错误的印象，认为领导都是会讲的，所以要当领导必须练就一副好口才，要会表现。这种认识误导了很多青年，他们把功夫不用在做事上，而是用在表达和表现上，用一些表达的技巧博取人们的赞誉。

实干精神就是务实肯干。所谓务实，就是要从实际出发思考问题，实事求是，尊重规律和科学，追求可以实现的目标，不搞"表面文章""形象工程"和"面子工程"。所谓肯干，就是指想做事，肯做事，爱做事，不偷懒，不耍滑头，不是高高在上、指手画脚，而是深入员工中间，了解情况，听取意见，共同解决问题。

讲实干并不是要求管理者把每件事情都抓在自己手里，每件事都亲自去做。反而要求管理者要抓住工作的重点，把力量用在核心目标和任务上。在遇到困难时、在艰苦的时候、在碰到新问题时、在有危险的时候，管理者一定要带头做，率先垂范，榜样的力量是无穷的。

（五）具有诚信的品质

诚信是一个人安身立命的根本，对管理者来说要求更高。如果握有权力的干部缺乏诚信观念，给组织带来的危害和影响会非常大，甚至危及组织的生命线。

讲诚信的人往往慎言寡诺，说到必做到，做不到必不说。而那些成天豪言壮言，不管什么事满口应承的人往往是最不讲诚信的人。不过，人们往往对后一种人容易产生好感，因为他的及时承诺让人产生舒服愉快的感受体验，觉得这样的人热情、大方、义气。而对慎言寡诺的人则容易产生误判，觉得这样的人能力不强、水平不高、魄力不够等。我们的错觉会让我们产生错误的判断，所以在判断一个人的价值观方面不能听他说什么，而是要看他怎么做。

（六）具有公平心和正义感

追求公平公正是人的本性。管理者有各种各样的下属，他们在能力、素质、性格和家庭背景方面有很大差异，要带领下属实现共同的目标，就要让大家同心协力，如果没有公正的价值观，凭个人偏好、主观意愿、朋友情谊、亲疏远近来管理团队，就会很容易造成不公平感，最终一定会把团队搞乱。

公正包括公平和正义两方面的含义，具有公平价值观的人，为人处事有鲜明的原则，不模糊，不偏袒，力求公平公正。具有正义感的人，遇到错误的、有损组织利益的、不公平的事情，敢于进行斗争，主持公道，维护和伸张正义。

当前，有的管理者做不到公正，是因为他们没有认识到必须按照组织的核心价值观要求，根据组织的制度规定或基本的管理原则来进行管理。还有一些原因是处理问题的方式方法不够成熟，技巧性不足，经常出现好心办坏事的局面，造成员工的不公平感。

一个管理者只有做事有原则，处事公平，有正义感，才能够让员工口服心服，并因为他的公平正直而获得人们的敬重。

管理与自我管理是一个值得大力探讨的课题，为了尽快提高管理效率，管理者必须加强自我管理，迅速提升自我管理素养。

参考文献

[1] 伯蒂·埃弗拉德，吉弗里·莫里斯，伊恩·威尔逊. 有效学

校管理［M］. 扬天平，译. 重庆：重庆大学出版社，2007.

　　［2］东方英才. 做最好的中层管理者要有正能量［M］. 北京：企业管理出版社，2016.

创建校本教科研新生态 *

校本教科研就是从教育生态视角审视教科研活动，以教师自主教科研为主体，以学科教科研和跨学科教科研为两翼，以校本教科研为主体，以校际教科研和跨区域教科研为两翼，促进有效教学，助力学校内涵式发展。

校本教科研新生态是学校教育生态的重要组成部分，是教师生态系统的一个重要子系统。校本教科研以教科研活动为基础，所以，这也必然会影响日常课堂教学。影响校本教科研生态的因素很多：主体性影响因素有教师、学生、科研员、教育管理者等；社会影响因素有人际关系、规章制度、教育政策等；物理影响因素方面有图书、期刊、办公室、学校、研究室等。

一、创建校内教科研新生态

（一）以教师自主教科研为主体

自主教科研是教师成长的最重要途径，这就要求教师以个人自主研修为主。在教科研活动中，独立备课和教学反思两个教育生态因子是最重要的两个影响因素，能够直接影响教科研活动的有效性。

---

* 本文作者史莉莉，徐汇中学科研与课程发展中心主任，正高级、特级教师。

1. 教学反思，改进教学的前提

教学反思是教师日常的规范性要求，可是当前不少教师往往忽视了这一重要环节，将应该进行教学反思的时间大大压缩，转而把更多的时间用在教案的解说上。教学反思是教师将教学在头脑中再现的过程，对于教师的专业素养提升至关重要。一个完整的教学设计需要教师参照学生的反馈进行教学反思，比如哪些教学生合理，哪些教学生不合理，不合理的地方日后又如何改进等。教学反思能够不断提升教师的教学预设和教学总结能力，从而准确地把握课堂教学节奏。

2. 独立备课，关注教学的内核

教科研能力不高的教师往往存在独立备课能力较低的问题，所以提升教师自主教科研水平，首先要让教师摆脱过度依赖教辅材料或者教学参考书的毛病。为了提高独立备课的能力，可以让教师不要先阅读他人的教案设计，而是先自主阅读文本，独立思考后再设计教案。如果教师习惯于阅读他人的教学设计案例，那么久而久之独立思考就会越来越少，渐渐会丧失对教科研的追求，总想着"索取"，却不再"创造"。

（二）以学科教科研和跨学科教科研为"两翼"

1. 关注学科教科研要素

第一，教学技术方面，可以发挥学案的引领作用。要引导教师将课堂中心转移到如何让学生更好地学，从传统课堂注重教师如何上课，上什么内容，上得怎么样进而转向学生学什么怎么学，学习效果怎么样，要更加关注学生自主学习能力的提升，注重学生会学而不仅是学会。同时在学科上，教师应不断完善课后总结、作业辅导等工作，积极收集学生的学习反馈信息。

第二，教师主体性方面，学校管理者不能仅仅通过某一节课评定教师的教科研素质高低，要将听评课教科研活动与日常教学结合起来，让听评课成为一种教科研常态。在评价上，只针对课不针对教师个人，要求教师坦言直率，不会曲意逢迎，思想上多一些批判性的思维，少一些墨守成规，从而让教师在听评课中进入活跃的教科研状态。

2. 注重多学科教科研的融通

跨学科教科研能力对于教师实现融通教学具有重要作用，提升教师的跨学科教科研能力可以通过主题教科研来实现。比如在历史课中，当谈到第二次世界大战大屠杀的问题时，就可以联系到语文课中相关的课文，从而在历史课中从不同角度提出问题。历史学科中可以追问一个民族是如何看待种族大屠杀这样的问题，又是以何种集体记忆的方式记录历史，跨越到政治学科中，要让学生理解什么是反人类罪行，人类如何实现正义，甚至还可以跨越到物理和化学学科，大屠杀中出现了诸如针剂、毒气等屠杀手段，让学生反思科技的进步与科学的精神怎样才能同步提升。在这样的跨学科思考中，教师的教科研能力会不断提升，思维也会更加活跃。

二、创建校内外联动的教科研生态

校本教科研应是开放的教科研，如果教师仅仅局限于学校这一小小的空间，那么这样的教科研就太封闭了。以校本教科研为主体，以校际教科研和跨区域教科研为双翼的开放式教科研，能整合各种资源，从而实现校内外的联动，创建和谐共融的教科研生态。

（一）以校本课程研究为主体

为了让学校在课程研究中的角度由被动变为主动，由执行者变为开发者，徐汇中学建立了一支以骨干教师为核心的校级教科研团队，根据学校的实际情况开发了一套各学科的校本课程体系，从而打破了原有课程大统一的格局。因而专门成立了科研与课程发展中心，除了开发研究学科校本教材外，还开发创新了不同门类工程素养课程，在上海市双新平台举行的校本化实施方案中，徐汇中学有15篇参展，其中获奖2篇。在校本课程的研究中，整合教材编写、教师培训、课堂评价、教学实施等各个环节的教学资源，一切从学生的实际出发，从未来社会发展出发，为学生全面发展服务。教师培训上，建立教师发展信息库，对教师的发展现状进行分析，同时大力开展诸如读书交流会、评优会、公开课展评、青年课题立项、双新平台学生学习经历和社会化评价等活动，并建立相应制度，从而形成规范化管理。

（二）构建校际教科研和跨区域教科研模式

1. 校际互访，扩大校本教科研的横向互助

校际交流的方式很多，可以开展外出访学活动和名师进校活动。我校参加市双新平台有两门课程成为市首席轮值校，从资源共享、文化交流、教研培训、教学联动、资源开发和课题研究等方面开展工作。再如2015—2017年我到梅陇中学支教细致具体地引导，教科研进行跨区域的交流，后两校结对，对教师的教育教学论文、教育教学反思等校本教科研成果进行多方面的互助，综合提升教师的科研水平。

2. 区域联动，增强校本教科研规范实效

跨区域教科研，一方面是指在本市的范围内进行跨区域的交流活动，另一方面指超越本市的范围，进行跨市的教科研活动。如徐汇中学到山西宿州、甘肃兰州、贵州贵阳去上课讲学。编制各种教师论文集、汇学杂志或个人专著，精心整编教师的研究成果，教师带着自己的研究成果去引领辐射。我2017年以来创建徐汇区中小学名师工作室和学区名师工作室，区域联动构建协同教科研模式，每周一都开展名师的协同教科研活动，开展中国风才艺展示，培养中国民族音乐文化情怀。通过智慧引领，三台（即讲台、舞台、写字台）助力。培养教师的教学能力、专业基本功、科研能力和指导学生的四合一的综合素养。

3. 专家团队，提升校本教科研的专业水平

依托校外的优质资源，使学校校本教科研更有深度，从而提升一线教师教科研能力，例如徐汇中学双新课程平台就成立了专家指导委员会，经常聘请各课程专家进行专项指导（如表1所示）。

表1 徐汇中学聘请专家指导课程建设情况

课程名称	教师	学科	指导机构	导师及职称
3D打印	汪洋	物理	上海励晶科技公司	刘波（博士）
轨道交通（高铁）调度高铁模拟驾驶	高建军 姚智伟	物理	同济大学	洪玲（教授）凌建明（教授博导）姜富明（教授博导）
简易空气净化器制作及评价	钱张敏	化学	上海大学	施利毅（教授博导）黄垒（副研究员）
多彩的功能膜	张德贵	化学	上海工程技术大学	陈思浩（教授）王继虎（博士）
太阳能发电	赵相斌 郑学艳	物理	上海电力学院	徐燕（副教授、博士）
大数据的奥秘	胡闵爱	信息	上海工程技术大学	方志军（教授）
计算机程序控制	王肖莲	信息	上海大学	李维（副教授）
地理信息技术在城市管理中的应用	曹骏骅	地理	上海师范大学	林文鹏（教授）
水下机器人	王舟舟 张军	英语 体育	上海欧舶科技有限公司	许伟斌（总工）周庆良（高工）钟建鹏（高工）袁彬（工程师）
人工智能＋	王传英 刘伊 宸洁	信息	上海欧舶科技有限公司	钟建鹏（高工）袁彬（工程师）
火星车救援	程佩 李俊	航天 计算机	上海汽笛生网络科技公司	向为成（高工）刘小华（工程师）周先耀（工程师）
无人机航拍	金海霖	机械	上海心意科技公司	葛莉、郭路峰、宋鑫宝、郭恩友（工程师、家长志愿者）
波音787模拟驾驶飞行	唐晓峰 宋董荣	数学 语文	上海汽笛生网络科技公司	王弘毅（工程师）
影像创新实验	丁磊 陆舟斌	电教 电教	上海熠影电子科技公司	周龙（工程师）贺伟（工程师）甘朗（工程师）高志坚（教授）

续表

课程名称	教师	学科	指导机构	导师及职称
魔术创新课程	王儒俊 仇霞	政治 数学	莫派魔术——非 物质文化遗产	周良铁（魔术师）潘雷（魔术师）马云霞（魔术师）吴婕（魔术师）
宇宙探秘	唐含梅	地理	中国科学院 上海天文台	侯金良（教授）

（三）研发教科研课题，提高教科研水平

教师教科研水平不能仅仅停留在思考上，要真正提升教师的教科研能力，必须以实实在在的课题项目研究、教学案例设计、案例反思、论文写作等具有实际价值的方式来体现，如此才能真正提升教师的理论分析水平。2017—2018年徐汇中学申报的市级课题有"创建中学工程技术特色多样化发展学习模式的实践研究""江南丝竹在中小学传承与创新的实践研究""徐汇区中学生课外健身环境研究""学校因素与初中身体活动的相关研究"等，申报的教育部课题有"中学与大学共建对接课程群的实践研究""未来中学民族音乐教育传承与创新的实践研究"，并在教育部学校规划发展中心成功立项。徐汇中学不仅教师参与教科研课题研究，高初中学生也积极申报并参与。高中研究型学习课题，研究结果科学严谨，有理有凭，真实可信，体现了学生具有较高的研究素养和创新思维，并得到了双新平台课题认证专家委员会专家认证。例如2018年度"双新课程平台"社会化评价推优学生面谈活动，我校40多位学生通过了网上评审被推优参加。"双新课程平台"社会化评价包括对学生的"资料整理""创新计划"和"创新报告"等表现性作业进行评价，所有参与评价的推优学生共分为14组，与专家评委进行面对面谈话：介绍各自在"双新课程"相关领域的学习经历、问题困惑、设计思考以及展望和创新。评价结果于2018年10月3日通过公示，本次全市共有700多位学生参加社会化评价，200多位学生推优参加了现场专家面谈答辩。经学生学习经历社会化评价（2018）评委会评定，授予"优秀证书"的学生共 194 位，授予"合格证书"的学生共有 408 位。我校有 40 人获得"优秀证书"（见表 2），20 人获得"合格证书"。优秀率占比超过了全市优秀总人数的 1/5，全市排名第一（连续两年全市第一）。

2018 市高中生学习经历社会化评价"优秀"学生名单

序号	学生姓名	班级	课题名称	指导教师
1	唐依雯	高三	海藻酸钠对以 PE 为材的家用保鲜膜可降解性改进研究	张德贵
2	陈若离	高三	探究 PVA 水溶袋的优化配方	张德贵
3	胡馨悦	高三	探究改进眼镜防雾膜附着力的方法	张德贵
4	崔彦淳	高三	车窗玻璃的自清洁涂料研究	张德贵
5	申奥佳	高三	家用镜子防雾膜涂膜工艺的研究	张德贵
6	陈泓臻	高三	基于功能膜三要素家用农业防雾膜的创新配方研究	张德贵
7	应奕辰	高三	PE 家用农膜植物驱虫性能添加剂的开发	张德贵
8	薄帆	高三	徐汇中学中学生消费观剖析	胡闵爱
9	吴钰琳	高三	探究国产动漫产业现状——以徐汇中学学生调研为例	胡闵爱
10	周安杰	高三	基于大数据的视角看党的十九大报告	胡闵爱
11	李博言	高三	基于文本挖掘的高中生行为特征与情感分析——以徐汇中学为例	胡闵爱
12	徐天明	高三	在线教育对中学生学习的影响——以徐汇中学学生调研为例	胡闵爱
13	侯文斐	高二	太阳能发电研究——太阳能板的遮挡对太阳能板的影响及解决方案	郑学艳
14	傅宇栋	高二	太阳能光伏阵列设计研究	郑学艳
15	陈俊通	高二	太阳能板的遮挡对发电效率的影响及其解决方案	郑学艳
16	金英迪	高二	太阳能光伏发电的经济效益研究	郑学艳
17	蔡理	高二	太阳能光伏离网发电系统——运用于校园灯箱的设计	郑学艳
18	刘婷婷	高二	校园太阳能发电系统设计与创新——以徐汇中学重德楼校园灯管美化项目为例	郑学艳
19	陈天骄	高三	太阳能充电宝	郑学艳
20	段颖楠	高三	用 3D 打印技术研究连接结构	汪洋

续表

序号	学生姓名	班级	课题名称	指导教师
21	徐凯迪	高三	基于3D打印技术的挂壁式手机架设计研究	汪洋
22	徐怡然	高三	关于3D打印的个性化运用设计——基于3D打印技术的印章设计和制作	汪洋
23	严浩宇	高三	关于3D打印连接物的研究报告	汪洋
24	陈怡安	高三	植物空气净化器的效果探究与产品设计	钱张敏
25	张恺宁	高三	对于粉笔灰过滤材料探究和仪器设计	钱张敏
26	张思哲	高三	运用ARCGIS对徐汇区万体馆周边餐厅选址的研究	曹骏骅
27	陈心奕	高三	上海市崇明区高等院校周边餐饮服务的现状研究	曹骏骅
28	张予捷	高三	对上海世博会闭幕后原园区的场馆后续利用及改造的研究	曹骏骅
29	陈竟卓	高三	运用ArcGIS对徐汇区万体馆周边咖啡店选址的研究	曹骏骅
30	诸海霞	高三	中国邮政、中通快递、韵达快递营业网点空间分布的研究	曹骏骅
31	戴博霓	高三	Arduino开发板的清障机械臂的设计与应用	王肖莲
32	张雯迪	高三	基于Arduino的自动灌溉装置	王肖莲
33	詹雨涵	高三	数控技术在小车功能设计与程序操作方面的运用	王肖莲
34	万欣芸	高三	走迷宫小车算法的设计与实现	王肖莲
35	黄思蓓	高三	基于Arduino的玩偶改造	王肖莲
36	罗盟之	高三	住宅小区机动车出入口交通信号灯智能控制系统	王肖莲
37	秦谨	高三	基于Arduino开发板的"贪吃蛇游戏机"制作	王肖莲
38	陈逸沁	高三	Arduino天然气泄漏的防范警报装置	土肖莲
39	程睿	高三	基于Arduino开发板的"贪吃蛇游戏机"制作	王肖莲
40	杨道明	高三	基于Arduino开发板的自动化环境监测工具	王肖莲

　　实施课程联合课题的形式，也是提升教科研水平的一个便捷途径。在协同教科研中，也可以围绕班级、年级间的联合课题进行价值统领，围绕课题核心及时收集每一次的过程性教科研成果，从而更有利于教科研经验的互动分享、推广与借鉴，实现让每一位教师在教科研上不断提升。

四、在多样的教科研中启悟

学校的教科研管理应为教师搭建研究平台，提升其专业发展能力。要让教师的劳动给其带来乐趣，让天天上课不再成为一种单调乏味的负担，所以要引导每一位教师走上教科研之路。

（一）校本教科研的形式要更新

教师之所以产生职业倦怠，很大程度上是因为教师在教学中缺乏研究。如果能将研究渗透到日常的校本教科研中，那么教师就会自己发现问题，自己探索怎么往前走。

我校的教科研，是基于本校实际的一种探索，一种突破，一种创造。如果一味仿制，那只会陷入困境。学校的核心理念是"大家一起行动"，要从根本上解决"人"的问题，改变教师们的现状，必须将学校的核心思想融入各项活动中去，从全员参与这一点来突破，让每个教师都动起来，让每个教师都在研究中。

（二）校本教科研内容要丰富

学校在举办每一次活动之前，都要调查教师在教学实践中面临的突出问题和困惑，以此来确定主题。在此基础上，精心设计解决问题所需要的教学示范或专题讨论，以及后续实践跟进策略等，确保各教研组的教师都能获得深层次的参与，激发他们的成长动机。此外，学校还要注重深度研讨，及时总结和交流教师实践经验。通过一系列连续行为干预，不断提升教师专业发展的自觉性，逐步形成自主发展的良性循环。

各备课组要群策群力，集体推敲教师设计，同意录制微课视频，集中剪辑片段，完善课后反思，每节微课都要展示本备课组的教科研成果和业务水平。在微课的录制和后续编辑中，提升教师的信息技术应用能力，推进学校的教育信息化建设，促进教师的专业发展。

（三）在自我超越中奋起

教师们要相互学习、相互欣赏、相互激励、相互竞赛。学校激励

"大家一起来"，强化团队协作，弱化教师间的个人竞争，使每个教研组在各项教科研活动中稳定前行。

　　创建校本教科研新生态，旨在提高教师队伍素质和课堂教学质量。既改善课堂生态，提高教学水平，又锻炼教师队伍，提升教师素养。校本教科研生态是一种全新校本教科研方式，是以学校为主导的教科研活动，是自主而不是他主，是由下而上激发全员活力的教科研活动。它重视学校内在力量的生长，有利于实现学校软实力的提升，加快学校现代化发展，创建学校和谐发展的学校教育新生态。

月印万川　理一分殊

——新校区之"立"与百年老校之"力"*

徐汇中学（南校）是我们百年名校徐汇中学在全市初中办学促进优质均衡发展的大背景下，在徐汇区政府和徐汇区教育局为"平衡南北教育，加强南部崛起"的指导思想下，启动的一项民生工程。这项民生工程满足了广大华泾地区市民对高质量的教育需求。

南校能在短短一年内获得良好的社会声誉，很大程度上是依托了百年老校的诸多得天独厚的优势：完善的制度、雄厚的师资、有效的教学组织、多彩的文化引领等。

百年老校之"力"有效助推了徐汇新校之"立"。

一、立好志

新创办的校区也需要有明确的办学规划和愿景，有底蕴的办学文化，有前瞻的办学理念，才能给予教师、家长和社会充分的信心，这正是百年徐汇和新校区融合共生之处。

南校秉承百年徐汇的"崇尚科学，爱国荣校，多彩发展"的办学传统，实施多彩发展教育，遵循从知识教育层面的"荟学"、能力培养层面的"会学"、智慧养成层面的"慧学"，构建"汇学型"人才培养

---

　　* 本文作者卜时波，徐汇中学教师发展中心副主任。

模式。

开办一年，南校大力推进工程素养建设：STEM 编程课，吸引了学生们聚焦的目光；3D 打印课，迸发出学生们设计创新的热情；水下机器人、无人机课程，激发着学生们孜孜探求的精神。这些科技课程，丰富和拓展了南校的校园生活。南校的体育特色课程同样丰富与充满挑战。学校联合了位育体校为预初年级所有班级开设了体育专项课，棒球、冰壶、射击课程，无一不是学生们跃跃欲试、一展身手的另一种学习空间。曾校长提出"让每一个孩子都会一门乐器"，南校开办伊始，就开设了竹笛、陶笛、铜管乐、民乐课，保证每一个学生都掌握一门乐器，成为优雅知性的徐汇学子。

南校区将新办校的理念、思路、想法形成文字和宣传片传递给教师、家长，努力把学生培养成有科学素养、人文涵养、艺术修养、文化教养的高情商的"汇学人"。

二、立好章

天下大事必做于细，天下难事必做于易。办学也不例外，尤其是新校区的创办，一定要将所有细节均周全考虑，提前制定好规章制度，避免遇到事情之后临时起意。临时起意会导致规章制度科学性、合理性和可操作性因为时间紧迫存在很多漏洞，执行时举步维艰。

南校区的精细化与制度化的谋划充分借鉴了百年老校的有效经验。在开学之前就制定了详细的新生入学指南、跨校区教师工作手册等，让"规矩"在师生入校之前就已经明确，这样"方圆"自然就能在师生心中了然勾画。规章制度的有效确立为新校区顺利起航提供了很好的保障。

新校区有了好开端，这不仅对于创办之初学校工作的有序进行是一种保障，对于学校长远发展更是一个打基础定基调的起始点。

三、立好人

学校的发展第一生产力就是教师。徐汇中学（南校）并没有仅借百年老校之名，而是实实在在地委派老校资深教师担纲教学重任。不是旧瓶装新酒，而是新瓶装陈酒，那瓶是老校新造，那酒是每一位教师的师德心性和教学技巧，还有百年徐汇丢不掉的亘古价值。

应该说教师队伍建设方法多样，各有千秋，总体来说教师队伍建设没有固定的模式，都是要根据学校情况和教师情况灵活开展。南校区教师发展中心在百年徐汇教师队伍建设经验基础上，一年教学实践下来，产生了一点新的想法：通过"理、情"融合教师；通过"研、赛、奖"熔炼教师；通过容"言、人、事"团结教师；通过共同的"荣"凝聚教师。

南校的教师在学生乃至家长的心里无形之中有种亲切感，这奠定了整所学校爱岗敬业的基调，正是所有教师的迅速进入状态，保证了新校区良好局面的迅速打开。

四、立好信

学校获得好成绩是学校办学能够有序开展的生命线，也是学校办学的重要目标。徐汇中学（南校）"高开"的起点已然开启，"高走"的指向也非常明确。接下来就要将百年老校的办学理念行之有效地一步一个脚印地走下去。将新校区好的方法进行及时总结，并在教育教学工作加以强化、提炼。立足高远，脚踏实地，争取毕业季用良好的成绩立信于民、立功于社会。

新创办的校区充满挑战，更兼具机遇。正是有了挑战，才能够激发每个人的潜能，才能够焕发百年老校更大的生命力和影响力。

万川河流中月影无数，月只有一个；百年老校枝繁叶茂，根只有一个。在华泾地区的这一分支一定会以万紫千红之姿呈现出百年名校之新"春"。

师资队伍建设是学校持续发展的生命线*

师资队伍建设是当前学校可持续发展的重要抓手，学校现有的师资队伍状况，如年龄结构、学历结构、职称结构等，直接关系到师资队伍的整体水平。本文针对师资队伍中存在的问题，根据学校的整体发展需要，提出了一些切实可行的对策。

百年大计，教育为本，教育大计，师资为本。只有一流的教师队伍才能创造一流的教育业绩，学校才能真正办人民满意的教育。《国务院关于加强教师队伍建设的意见》《上海市中长期教育改革和发展规划纲要（2010—2020 年）》《上海市教育综合改革方案（2014—2020 年）》和《上海市教育改革和发展"十三五"规划》等文件明确指出：到2020 年，专业化教师队伍整体素质大幅提高，普遍具有良好的职业道德素养、先进的教育理念、扎实的专业知识基础和较强的教育教学能力，教师队伍的规模、结构、素质基本适应教育现代化的要求。作为基础教育的基层部门，如何围绕教师队伍建设的总体目标，积极开展各项活动，以达到师资队伍的最优化，是我们当前亟须探讨的问题。

现就我校师资队伍现状做简单分析：

---

* 本文作者顾锦华，徐汇中学人事主任。

一、师资队伍状况

师资队伍状况主要包括教师的年龄构成、学历构成、职称构成、骨干教师人数等，通过对教师队伍现状分析，从中发现教师队伍中存在问题和优势条件，为进一步加强学校教师队伍建设提供事实依据。

年龄结构：45 岁以上教师 64 人，占全校教师的 32%；36—45 岁教师 81 人，占全校教师的 42%；35 岁以下的教师 52 人，占全校教师的 26%。

学历结构：研究生 36 人，占全校教师的 18%；本科生 161 人，占全校教师的 82%。

职称结构：高级 45 人，占全校教师的 23%；中级 109 人，占全校教师的 55%；初级及以下 43 人，占全校教师的 22%。

局级以上骨干（优秀）教师：特级教师 3 人，区学科带头人 3 人，局学科带头人 2 人，局骨干教师 6 人，校级骨干 68 人。

从以上的数据可以看出：（1）我校教师队伍中，36 周岁以上教师占了近 74% 以上，它是一支富有经验的成熟教师队伍，其中，不乏学术与学科的中坚分子和领军人物，学科的教学优势十分明显。但是，教师在工作 10—15 年后，进入专业发展的停滞期，这对教师在职培训和学校组织建设产生了重要影响。（2）教师的整体素质提高。第一，从教师的学历比例来看，我校教师学历已达标，高学历（研究生）比例近年来不断提高。第二，教师职务结构总体上不断改善，具有中高级职务的教师比例进一步提高。近年来，我校中高级职称比例已超过教育局核定的最高比例。第三，骨干教师队伍进一步加大。局级以上骨干（优秀）教师比例在上升，但对于一所大型区实验性示范校来说，骨干教师的引领和辐射作用明显不足。

二、现状分析

第一，有的教师缺乏危机意识、竞争意识，缺乏进取心，认为凭着已有的知识已足够"应付"学生，教育教学观念已不能适应新时期的要求，包括教育观、人才观、质量观、服务观等。缺乏先进教育理念的指导，理论水平已不能跟上时代的步伐。

第二，教学方法单一、陈旧，教学手段落后，特别是科研意识淡薄，科研能力薄弱，教科研动力不足，主动性不强。

第三，教师的管理体制和评价机制尚有缺陷，尤其是对青年教师的激励和培养还缺乏完整、科学、系统的体系，学校的后续骨干力量基本处于一种"青黄不接"的状态。

三、相应对策

（一）抓好师德工作，提高教师敬业精神，减少职业倦怠现象

首先，切实推进以提高教师育德意识和育德能力为重点的师训课程体系建设。每一位教师要坚持正确的政治方向，自觉践行社会主义核心价值观，围绕立德树人，强化课堂"阵地意识"和培养社会主义接班人意识，树立科学正确的社会主义教育观、质量观和育人观。把拥有崇高而坚定的职业理想和职业修养，作为每一位教师追求自我发展的强大精神动力。其次，加强教师职业理想和职业道德教育，强化教师教学岗位和教师职业的认同感，增强教师教书育人的责任感和使命感。最后，构建学校、教师、学生、家长和社会多方参与的师德监督机制；建立师德建设负面清单制度，将教师履行育人职责情况作为教师工作考核、专业技术职务评聘的重要内容。加强对师德建设先进单位和个人的激励。例如，开设相关的师德培训课程，开展教师师德理论和专著的阅读、讨论，制定和完善考勤制度和层级管理制度，等等。

（二）建立教师培训制度，提高教师的现代教学教育水平

教职工的培训工作是学校工作的一项经常性内容，校委会具体负责教职工的培训工作，教职工有义务自觉接受学校组织的各种培训活动。培训内容贴近实际、贴近教师感兴趣的话题。如学校充分利用自身的资

源，在教师中开展教研、学术活动，让教师掌握先进的教育理念和教育思想，不断拓宽与更新知识结构和知识视野，提高每一位教师的现代化教育所需要的教育教学的实施能力。培训形式和方法多种多样，除了邀请专家开设专题讲座之外，可以以沙龙形式，交流各自工作中的困惑和收获，还可以小组讨论交流，共同研讨，共同提高。

（三）加强青年教师队伍建设，促进青年教师的迅速成长

青年教师是学校可持续发展的生力军。学校注重做好新教师（教龄未满五年）的培养工作，缩短其成熟周期，使青年教师能够提高教育教学水平，逐步适应和胜任学校教育教学工作，并成长为挑大梁的教育教学骨干力量。同时结合我校是上海市见习教师培训基地，有机整合，同步运作，计划在不同阶段进行"徐汇中学青年教师教学大奖赛"和"新苗奖"的青年教师教学能力比武，促使青年教师迅速成长，明确自己的发展方向，形成个性的教学风格和思想，为成长为成熟优秀的教师打下坚实的基础。

四、保障措施

（一）组织保障

组建教师专业发展领导小组，统筹全校教师队伍建设，督促相关任务的有序实施，学校党政主要负责人落实教师队伍建设工作目标和职责，强化教师在教师队伍建设中的主体地位和责任意识，激发教师队伍建设活力。

（二）制度保障

将教师队伍建设的具体目标细分到各相关单位，明确责任人，并将目标的达成度作为考核内容。完善激励制度，对在教师队伍建设工作中成效明显、经验可复制的职能部门或责任主体进行表彰。

（三）经费保障

在实行绩效工资的大前提下，依法形成与教育发展和经济社会同步协调增加的收入增长机制，提高教师队伍收入水平，改善教师待遇。有效整合教师队伍建设计划专项经费，提高使用效益，扩展人才计划覆盖范围，让更多教师受益。

精细化管理在人事工作中的运用[*]

精细化管理是一种先进的管理理念和管理技术，其核心思想是"精、准、细、严"。近年来，我校人事管理工作中引入精细化管理的理念，通过实施细化、量化、流程化、标准化等手段，解决了人事管理工作中过于宽泛、执行过于散漫、考核难以量化的实际问题，从而达到提高工作质量的目的。

精细化管理是一种先进的管理理念和管理技术，其核心思想是"精、准、细、严"，精是做精，精益求精，追求最好，把服务和管理工作做到极致，挑战极限。准是准确的信息和决策，准确的数据和计算，准确的时间衔接和正确的工作方法。细是工作细化、管理细化特别是执行细化。严是严格控制偏差，严格执行标准和制度。

学校人事工作中引入精细化管理理念，与人事工作本身的特点和人事管理中经常碰到的问题是分不开的。

一、学校人事工作的特点及存在问题

学校人事工作一方面代表学校行使具体的管理职能，另一方面，它的各项政策、执行结果与教职工的利益息息相关。从工作性质上看，人

---

* 本文作者顾锦华，徐汇中学人事主任。

事工作属于行政事务性工作，其特点是有较强的政策性、程序性和延续性，工作内容以常规工作居多，涉及人才引进、职称评审、工资福利、人事调配、人员培训等工作，管理头绪多，服务对象复杂，工作上稍有不慎就会引起较为严重的后果。因此，在人事管理工作中引入精细化管理理念，重视工作流程细化，服务态度精到，明确管理工作的职责、标准，对提高人事管理水平有着不容忽视的作用。

目前学校人事工作中存在的不足有以下两个方面。

一是操作流程过于笼统、粗略，缺少实施细则和执行标准。所谓流程，只是将常规工作的时间安排和工作内容一一罗列，而并未对操作步骤做具体规定，即缺少程序。

二是流程不完备，造成人事管理凭经验。由于没有落实到纸面上的工作流程，执行者只能凭借"心中有数"来操作。而一味地凭经验办事，没有规范的程序的约束，只能是离规范化越来越远。如果有新手接任人事工作，由于缺少从业经验，又没有可参照的有效的工作流程，势必造成工作前后脱节，影响工作效果。

为了使人事工作更加有效，我认为可以从以下几个方面着手。

二、岗位细化、量化、标准化是促进人事工作规范化的有效途径

（一）细化人事管理工作是做好精细化管理的前提

细化的方法，常用的有横向细化和纵向细化。

横向细化是将岗位工作的内容，从横的方面按合理的逻辑结构，细分为若干个组成部分（二级事项）。每个部分又可细分为更小部分（三级事项），直到不能分为止。例如，人事工作中法人证书年检可以横向细化为三个二级事项：实名制信息调整与上报、常规年检和法人证书变更。法人证书变更又可细化为法人变更、住所变更、其他变更等三个三级事项。

纵向细化是按工作进程和时间顺序划分为若干个阶段和程序，并且

也是一直细分到不能再分为止。如图 1 所示。

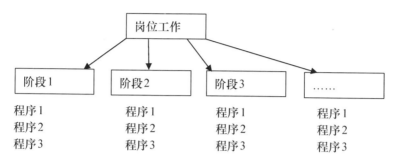

图 1 纵向细化方法

阶段是操作动作，而程序是对这个操作的方法、标准、规则的规定。如果每个程序都做到位了，那么整个岗位工作也就做到位了。接下来以教师招聘工作为例，阐述如何细化人事管理工作（见表 1）。

表 1 徐汇中学教师招聘工作的细化

工作内容	工作阶段	工作程序	标准	主要负责部门
招聘	招聘计划	教研组提出招聘需求	根据学校现有编制数，结合学校退休、病假人员实际情况及发展需要，制订合理招聘计划	教研组
		学校制订招聘计划		学校发展中心
	校内考核	材料审核	社会人员需上海户籍	学校发展中心
			应届大学本科毕业生需上海户籍	
			应届研究生毕业可以申请落户，落户事宜由学校统一办理	
			已获教师资格证或教师资格证笔试、面试已通过	
		笔试面试	应聘学科专业知识、技能测试	教师发展中心

续表

工作内容	工作阶段	工作程序	标准	主要负责部门
招聘	校内考核	拟录用材料提交	一、应届大学生 1. 学校拟录用人员考核情况说明（封面） 2. 诚信承诺书 3. 毕业生身份证复印件 4. 毕业生推荐表原件（须毕业学校盖章） 5. 毕业生成绩单原件（须毕业学校教务处盖章） 注：如毕业生是研究生学历的，请附上本科的学历、学位证书复印件。一般要求所学专业与学科相符 6. 教师资格证书（或中小学教师资格考试合格证明） 7. 毕业生英语、计算机、普通话证书复印件（原件由所聘学校审核）。 二、在职教师 1. 学校拟录用人员考核情况说明（封面） 2. 诚信承诺书 3. 该教师简历 4. 该教师身份证复印件（一般要求40岁周岁以下） 5. 该教师学历、学位证明复印件（原件由所聘学校审核） 6. 该教师教师资格证书复印件（原件由所聘学校审核），提醒审核教师资格证注册情况 7. 该教师职称证明复印件（原件由所聘学校审核）；一般要求一级以上职称 8. 该教师其他相关证书复印件（原件由所聘学校审核）	人事处
	区里考核	市级测试	参加徐汇区人才中心组织的心理、综合测试，如已参加其他区组织的测试，通过者无须再参加	区人才服务中心
		区级专业笔试	参加徐汇区人才中心组织的专业学科测试，如已参加其他区组织的测试，还需再参加	
		区级专业面试	参加徐汇区人才中心组织的专业学科面试，如已参加其他区组织的面试，还需再参加	

续表

工作内容	工作阶段	工作程序	标准	主要负责部门
招聘	区里考核	体检	市级、区级笔试面试通过者，参加徐汇区人才中心组织的有关项目体检	人事处
		阅档	应届大学毕业生，只需本人在阅档表签字，拟录用学校盖章即可	
			社会人员需前往档案所在地进行相关材料的查阅	
	学校聘用	事业单位聘用申报	登陆事业单位登记管理网，对拟聘用人员进行网上申报，并打印四联单	
		填写聘用手册	入编考试通过者，填写《事业单位聘用手册》	
		签订合同	入编考试通过者，签订《单位聘用合同》	
		合同鉴定	带好盖好公章的《事业单位聘用手册》《单位聘用合同》、法人证书复印件、四联单前往人才服务中心办理合同鉴定	
		社保账户管理	应届大学毕业生需携带身份证、户籍证明复印件（沪籍毕业生不需要）前往社保办理开户手续	
			社会人员需带好社会保险业务项目变更申报表前往社保办理转入手续	
		实名制信息变更	应届大学生或社会人员（非事业编制）在社保办理完的当月，登陆事业单位登记管理网，新增该人员信息	
			社会人员（事业编制）在社保办理完的当月，登陆事业单位登记管理网，调入该人员信息，并完善信息	

　　经过细化后的岗位流程有明确的操作方法和标准，具有很强的指导性，克服了以前人事工作中各项工作凭经验的不足之处，使人事工作更加规范化。

（二）量化人事工作是实施精细化管理的基础

人事工作实施精细化管理，就是要按照"精、准、细、严"的原则，综合运用细化、量化、流程化、标准化等手段，着力解决人事管理工作中过于宽泛、执行过于散漫、考核难以量化的实际问题，从而增强学校管理的执行力、管控力，进而达到提高人事工作管理水平的目的。人事工作量化内容包括员工年度考核、职称管理、工资管理、人事统计年报、离退休人员管理、信息资料上报、人事工作计划和总结等。近年来，我校在量化人事工作中做了一些尝试，经过几年的实践证明，量化指标减少了在评审过程的主观因素的影响，它使管理工作更加公开、公平，也使人事工作效率大大提高。表 2 为徐汇中学的职称管理量化指标。

表 2　徐汇中学的职称管理量化指标

项目	基本情况		自评	备　　注
履职年限与教龄	任现职年月			任现专业技术岗位每年 1.5 分
	从教年月			从事教育教学工作每年 0.5 分
师德表现与业绩				注：取最高级别，分数不累计 1. 省部级部门奖励 5 分（如全国教育先进工作者、上海市劳动模范等） 2. 厅局级部门奖励 4 分（如上海市园丁、区劳动模范等） 3. 县处级单位奖励 3 分（如区园丁、区三八红旗手、区新长征突击手、教育局好党员等） 4. 近五年年终考核优秀或校先进 2 分 5. 近五年年终考核合格 1 分

续表

项目	基本情况	自评	备　注
教育教学能力	工作量		1. 工作量：满工作量每年 3 分，工作量不足 70％ 每年 2 分，工作量不足 60％ 每年 1 分 2. 各类教育教学骨干（取最高级别，分数不累计）：区级及以上学科带头人 5 分，局学科带头人 4 分，局骨干教师 3 分，校骨干 2 分，科研员 1 分 3. 教育教学管理（此项分数可累计兼得）：校长书记一年 1.8 分；副校长一年 1.6 分；中层管理者一年 1.4 分；年级组长一年 1.2 分；教研组长一年 1 分；班主任（未保老师）一年 1 分；科技、艺术总指导一年 0.8 分；中考科目及高中等级考科目的备课组长一年 0.7 分；其他学科备课组长一年 0.5 分 4. 学科教学评比、讲座、公开课（此项必须有相关部门证明或证书，分数可累计兼得，不能少于 2 分） ①学科教学评比：市级及以上一等奖 6 分；市级及以上二等奖 5 分、市级及以上三等奖 4 分、区级一等奖（包括三奖）4 分、区级二三等奖（包括三奖提名）1 分 ②讲座及公开课：市级及以上 3 分，区级 2 分，校级 1 分 5. 带教（取最高级别，分数不累计）：名师工作室或区级以上学科基地主持人 5 分；区级见习教师基地指导教师 3 分；校级或实习生指导教师 1 分
	教育教学骨干		
	教育教学管理		
	学科教学评比、讲座、公开课		
	带教		
教科研水平	专著		注：此项分数不能少于 4 分，可累计兼得 1. 正式出版专著（不含教辅类书籍）每本 5 分 2. 核心期刊发表学术论文每篇 4 分 3. 市级刊物发表教育教学论文（不含报纸）每篇 3 分 4. 区级刊物发表教育教学论文（不含报纸）每篇 2 分 5. 获市级奖项（或交流）的课题研究（教科研论文）每篇 3 分 6. 获区级奖项（或交流）的课题研究（教科研论文）每篇 2 分
	核心期刊发表论文		
	市级刊物发表论文		
	区级刊物发表论文		
	获市奖项的课题研究		
	获区奖项的课题研究		
总分			申报人签名：

（三）工作标准化是精细化管理的依据

工作标准化是对工作岗位的职责范围、办事依据、办事程序、办事时限及质量目标做出明确规范，使各项工作更加明确公开。人事工作标准化需要人事部门工作人员充分了解人事工作方针和法律法规，实现人事工作有章可循。例如，工作标准化要求我们在制定工作制度时，既要制定详细的管理能力标准、执行标准，还要制定相应的检查标准和考核标准，如果只有要求，没有考核，没有违规制约机制，人事工作制度就成了"纸上谈兵"，制定和执行系统详细的人事工作标准，有利于改变长期以来形成的处理事务的随意性、无序性、粗放型的习惯，有利于人事工作管理到位、执行到位、考核到位，有利于相关人员的责任明细化和责任心的提高，有利于人事工作的检查和考核。

当然，学校人事工作的精细化管理并不是一步到位，而是一个不断完善、持续改进的过程。一方面，经过细化后的程序不是一成不变的，随着时间的推移和工作方式方法的不断改进，有些工作流程需要不断完善，具体情况具体分析，及时对流程制度进行改进，提高工作的可操作性。另一方面，在日常工作中形成归纳、提炼的工作习惯，不断总结和积累，才能在原有基础上精益求精，使人事工作实现真正意义上的精细化管理。

参考文献

[1] 王峰，等. 精细化管理在人事工作中的应用 [J]. 医院管理论坛，2010.12.

[2] 汪中求，等. 精细化管理 [M]. 北京：新华出版社，2005.

[3] 张春红. 论精细化管理在学校人事工作中的运用 [J]. 北京宣武红旗业余大学学报，2013.3.

[4] 姬艳丽. 高校人事工作的精细化管理 [J]. 法制博览，2017.3.

对基层学校工会工作的几点认识与思考[*]

工会是职工自愿结合的工人阶级的群众组织。工会是党联系群众的"联系桥",要充分发挥工会组织的职能,加强民主管理。围绕中心工作,服务大局,以加强自身建设,建设高素质工会队伍为保证,以创新工作为机制,激发工作活力为动力,努力建设学习型、服务型、创新型工会组织。工会要充分发挥组织、引导的作用,增强组织凝聚力,团结动员广大教职工为学校的建设发展建功立业。

工会作为党领导下的群众组织,是党联系职工群众的桥梁和纽带,是办好学校的重要基础。工会组织在学校党总支的领导下,紧紧围绕学校中心工作,充分发挥工会职能,积极参加学校的民主建设与管理,团结带领教职工为学校的发展做出贡献。本人担任工会主席五年以来,对基层学校的工会工作提几点认识与思考:

一、维护教职工的合法权益,不断推进学校民主建设

维护教职工合法权益是党赋予教育工会组织的重要任务。维护教职工合法权益是法律赋予工会的权利,是党给工会的重要任务和职工的迫

＊ 本文作者王燕虹,徐汇中学工会主席。

切期待，是工会的基本职责。工会只有切实做好服务教职工工作，维护好教职工合法权益，才能使广大教职工切实感受到工会组织的温暖，从而不断增强工会组织的吸引力和凝聚力。工会从生活、医疗、教育等方面积极为教职工排忧解难，以教职工需求为导向，在改善教职工生活条件、法律维权方面，努力为广大教职工提供多样化、多层次的服务项目。一直以来，教职工无论在校内还是校外意外受伤，工会都第一时间对受伤老师进行上门慰问，关心伤情，同时积极配合学校为受伤老师申报工伤。工会委员多次陪同受伤老师前往鉴定机构验伤，维护和保障教职工的合法权益。每年入学之际，工会及时问询教工子女入学信息，收集整理后反馈给校领导。在学校领导的积极努力下，我校教工子女的入学都得到了圆满的解决，体现了校领导对教职工的关心爱护。工会为大家排忧解难，解决了教工的后顾之忧，教工们才能更好地在自己的岗位上为教育事业做出自己的贡献。

同时，充分发挥教代会作用，坚持民主管理。工会继续规范深化校务公开、教代会以及民主管理制度，做好强化教代会民主管理方案的设计，在教代会的组织形式、工作机制等方面有所突破。通过开展教代会质量评估，建立健全代表行使制度，加大教代会代表比例，真正使教代会成为教职工依法行使民主权利、参与民主管理和监督的制度，成为学校管理体制的重要组成部分，依法保障教职工参与民主管理和对校务的监督。五年来，教代会通过了《学校五年发展规划》《绩效工资方案》《骨干教师评选方案》《家访慰问标准的规定》《教职工福利费的使用方案》《医疗基金的使用方案》《献血基金的调整方案》《请假制度》等关系到学校发展和教职工切身利益的方案和制度，经过几上几下，多次听取代表和教职工的意见建议，沟通到位，正面答复，最后教代会高票通过各项方案，充分保证了教职工主人翁地位。

二、大力加强工会文化阵地，推动教职工文化建设

充分发挥工会组织的文化引领作用。要大力发展先进文化、职工文

化，努力建设教职工共同的精神家园，充分发挥工会组织的文化引领作用，切实加强学校教职工文化建设，不断满足教职工的精神文化需求，积极打造学校文化品牌，使广大教职工有施展文化才华的舞台，共享文化资源的平台。工会要广泛开展职工体育健身活动，举办贴近教职工、适应职工需求、职工乐于参与的体育比赛和健身活动。近几年，工会根据学校实际情况，开展了形式多样积极向上的文体活动，丰富教职工的精神文化生活。如：举办了"汇学好声音"歌唱比赛、学校景观摄影展、教工运动会、飞镖比赛、教工春游和疗休养、读书活动、文明组室的评选、魅力教师的评选和迎新联欢会、教师节庆祝会等一系列活动，团结凝聚广大教工，凝心聚力，共创佳绩。工会以丰富多彩的文体活动为载体，积极培养健康向上的教师群体文化。工会坚持开展各种生动活泼、教职工喜闻乐见的文体活动，寓教于活动中，陶冶思想情操，升华精神境界，使工会活动成为校园文化的有机组成部分。

徐汇中学百年老校，历史悠久，文化底蕴深厚，被誉为"西学东渐第一校"。然而新进教工缺少对学校文化、历史的了解，缺乏认同感、归属感。为了让新进教师更快更多地了解汇学文化，尽早融入徐汇大家庭中，工会可以组织新进教工参加培训，听汇学讲座，参观汇学博物馆、长廊，学唱校歌，以及参观徐家汇源景点，发放学校的文化纪念品，从而使新进教工真正走近徐汇、了解徐汇、热爱徐汇，培训的内容将成为徐汇中学教师第一课。

三、工会服务大局，履行职责，热情为教职工服务

加强工会队伍建设，努力提高自身素质，是开创工会工作新局面的决定因素。提高自身素质，塑造工会干部新形象，既是广大教职工群众的殷切希望，也是工会组织与时俱进的要求。不断深入的改革对工会工作提出了许多新课题，对工会干部提出了更高的要求。我校目前工会委员6人，工会组长11人。工会委员负责学校整体工会工作的部署和落

实，工会小组长牵头具体完成工会各项工作，使学校工会工作有条不紊、忙而有序地开展。如何抓住机遇，实现工会工作的新突破，更好地发挥工会在改革、发展和稳定大局中的作用，工会干部的素质起着决定性的作用。要做好工会工作，工会干部既要热心、细心、用心，又要多才、多艺、多技，这样才能成为教职工信赖的服务者。工会是"教工之家"，是教工的亲人、"娘家人"，要真正做好教职工的知情人、贴心人、代言人、帮扶人，就要真正为教职工办好事、办实事、解难事。针对教职工的需求认真听取，仔细分析，合理解决，争取赢得教职工的信任、理解和支持。

习近平总书记在中共十九大报告中指出，中国特色社会主义进入了新时代，要求新时代要有新气象，更要有新作为，工会工作者也要积极行动起来开拓创新，切实调动广大教职工的积极性、主动性，不断激发工会组织的活力，为学校的发展做出新的更大的贡献。

于微见真　于情见理

——校长办公室工作之我见*

学校办公室是学校工作的"窗口"，直接反映学校的管理水平和工作层次，代表学校的形象。其特殊的地位、综合的职能、重要的作用决定了要做好这项工作，必须了解其工作的性质和特点，抓住工作中的关键，处理好工作中的矛盾，做好调研工作。

学校办公室是一个职能综合、作用重要的部门，是学校承上启下、协调左右的中枢，也是学校联系内外的窗口，代表学校形象，其工作质量直接反映着学校整体工作层次和管理水平。做好学校办公室工作，需要从以下几个方面入手。

一、了解学校办公室工作的性质和特点

学校办公室的工作主要是面向全校师生，做好协调、督办、服务等。校办的工作包罗万象，千头万绪，主要概括起来就是各类事务多（包括突发事件），质量要求高，政策性强。办公室工作是一个万花筒，工作范围点多面广，参与政务、处理事务、综合服务等都是它的职责。此外，学校办公室又是一个窗口部门，既要面对校内的老师，又要面对

＊ 本文作者郑静洁，徐汇中学学校发展中心副主任。

校外的家长和来访；办公室还像是"救火队"，经常会有一些突然的检查、来访或者会议需要应对。

了解了办公室工作的性质和特点，这是做好工作的前提条件。面对其政策性强、事务多、要求高这样的特点，需要在不断学习中增强自己的工作能力。

二、抓牢五大关键词，处理好五种关系。

（一）讲"政治"，处理好原则问题与人情世故的关系

校办工作政策性、原则性强，质量要求高，因此要牢固树立政治意识，在文件制定、上传下达、处理内部事务、协调内部关系中时，都要谨小慎微。如会议的组织、公章的管理、信件的传发等，都要按照严格的程序来进行。在遇到与教育方针政策、学校制度原则相冲突的问题时，就需要我们有清醒的头脑来处理好原则和人情之间的关系。工作的方向不能改变，工作的方式可以灵活。面对一些不能办的事情，切忌不能"简单粗暴"地给予答复，而应该耐心解释，以免造成不必要的矛盾。

如当有些老师教工大会或是学校大型活动有事要请假时，需要他们来校办填写书面请假单。这时，一些老师会认为这是在"小题大做"："我都和你打过招呼了，何必还要多此一举。"我们如果只是两手一摊不予解释，就会和老师之间产生不必要的矛盾；或是在某位老师这儿打人情牌，睁一只眼闭一只眼，那么今后的工作就无法有序开展。如何向老师讲明学校规章制度"无大小"，一切都需要照章办事，让老师心悦诚服，这也是校办工作需要修炼的一门艺术。

（二）讲"服务"，处理好工作付出与个人得失的关系

在办公室工作，更多做的是一种默默无闻的事情，需要有忘我的工作境界。服务就意味着奉献，没有奉献就搞不好服务。牢固树立和增强奉献意识，就要处理好个人得失和工作付出之间的关系。工作要有所成

绩，就必须付出努力、付出汗水，贡献力量、奉献才智。只要我们能够认清目标、努力工作，为学校发展贡献出力量，这就是有所获得，是实现个人价值的一种途径。

（三）讲"耐烦"，处理好烦琐事务与个人心态的关系

做过校办工作的老师，通常会用这样一句话来形容工作的多——校办的工作你永远看不见没有"活"的一天，这就要求我们在工作中处理好付出和回报的矛盾、工作与休息的矛盾。明朝耿恭简写了一篇《耐烦说》，认为"耐烦"这两个字作为为官之道，比起廉洁、谨慎、勤奋等更为重要。何为"耐烦"？"耐"是一种修身涵养，需要我们能够平心静气、心平气和、坦然面对工作中的各种"烦"。"耐"的同时，也需要我们能够调整好心态。心态很重要，或者说价值观很重要。

当学校有什么新的政令举措要推行，前期的解释工作相当重要。耐心地解释能为新工作的推进做好铺垫工作，也能更多地倾听到来自群众的声音。

（四）讲"大局"，处理好全局中心与局部工作的关系

在工作中，要能够树立大局意识，切实为中心工作服务，这是校办工作的基本要求。想问题、办事情和老师讲话时，心里要时刻想着学校的整体工作，不能只守着自己的一亩三分地。我校的刘晓艳书记在新任中层上岗时，就向大家强调过这个问题。在学校工作中不能有某一件事情不是自己管的，就可以高高挂起事不关己的态度，否则，久而久之，就会出现"最好不是我管的"这样消极的工作态度。工作有分工，一旦领导将任务布置下来，就不要推托。有困难可以大家一起商量，协助一起完成，万万不可有向外"推"的第一反应。

（五）讲"学习"，处理好提高能力与埋头苦干的关系

在学校担任行政管理工作的老师，大多数是师范专业毕业，而并非管理专业毕业。如此"专业"不对口，通常会在初任时感到非常迷茫，觉得比起一线教学，似乎整天忙碌却不实在。此时我们需要通过给自己

的能力充值来拓宽自身工作视野，提高自身能力是做好校办工作的关键。在工作之余要多读书，多读理论书籍——这是信仰之基、力量之源；要多读中华传统文化书籍——这是精神力量，将社会主义核心价值观转化为情感认知和行为习惯；多读专业理论书籍——这是前进的动力。

三、抓好调查研究工作，发挥参谋助手的作用

调研工作相对其他工作更复杂。一是要围绕学校各方面的长远发展，开展综合调研出思路。在学校制订期初计划或是 3 年、5 年规划时，要能够围绕学校发展大计，就学校所处的主观和客观环境、有利和不利因素走到老师中去进行调查，这样有助于学校领导制定工作指导思想和工作措施，更接地气地完成学校发展的纲领性文件，从而指导学校各项工作的开展。二是要围绕校领导关注的热点问题，开展个案调研解剖典型。能够紧紧围绕各时期、各阶段学校领导关注的热点问题，立足于高起点、着眼于大政策，开展个案调研，使领导能及时地掌握相关动态信息、了解存在的问题，以及采取的应对方略。三是围绕学校重大决策，开展超前调研提供预案。为学校决策服务，是校办人员开展调研工作的重点。校办人员要坚持超前性、政策性的原则，着眼于学校一系列重大部署和中心工作开展调研。

四、讲究沟通协调的艺术

学校办公室工作重心之一就是协助校领导做好学校各发展中心有关综合性工作的协调。在和各中心主任的沟通协调中，要注意：

一是尊重。尊重别人也是尊重自己。应该在问题面前虚心倾听各中心主任的意见和想法，在出现问题时应在不影响学校大局的前提下，充分尊重他人的选择。

二是沟通。沟通要把握好时机和地点，也要运用正确的方式和态

度。仓促下的沟通往往起不到好的效果，没有一颗诚恳的心也不能够真正把大家的力量拧成一股绳。

校办工作涉及面广、服务面宽、责任重大、任务繁重，要使校办职能作用得到充分发挥，就必须不断总结经验、探索其特有的规律，努力把校办工作提高到一个新的水平。作为学校办公室的一员，要学会站在更高位的角度去观大势、抓关键、学方法、促成长。

开放办学理念下
校园安全保卫工作架构的探索*

　　校园安全管理是学校管理的重要内容，随着我校办学水平的不断提高、学校的工程素养特色、校园文化的不断发展，学校的社会价值已经提升到历史更高的位置。学校的开放性办学也不断增加：各类教科研活动，各种检查督导，世界各地、各省市的观摩学习交流活动日益增多，学校接受的社会化服务（物业、保洁、食堂）、学校的各种各类学生社会活动、家校联系等工作、活动不断拓展。日益增多的校内外的联系、人员车辆的进出频繁，这些对更加科学合理高质量的学校安保工作提出了新的要求。

　　本文就校园安全之人防工作的安全管理措施做研究探讨。

　　第一，转变观念，明确安全保卫工作不仅是校园安全管理工作的重要部分，而且是维护学校正常的社会化开放办学的保障。

　　树立正确的安全管理理念，作为学校管理者，要正确处理学校管理和安全管理之间的关系，做到不顾此失彼，而是两手兼顾。在实际的安全管理工作中，要做好安全管理的预防工作，及时发现学校安全管理的薄弱环节和安全隐患并及时处理，做到前置防范。要重视学校日常的安全管理，不走过场、不走形式，把安全管理工作落到实处，切实保证师

---

　　* 本文作者郑斌，徐汇中学文化发展中心副主任，高级教师。

生的生命财产安全，保证学校的日常教学和秩序。

第二，明确组织管理工作主要内容。

学校安全保卫工作主要涉及管理内容：学生进出校园安全管理；进出车辆及车辆停放管理；来访人员管理；各类参观、教研活动、家长会、家长接待、各类会议来校专家教师学生等审核引导管理；各类物品进出校园管理。

学校安全保卫工作管理时间段：学生进出校园上学放学时间；放学后至清场时间段；双休日；节假日。

第三，研究学校安全保卫工作组织协调工作。

学校发展中心是校园安全保卫工作的管理职能部门，负责配合学生发展中心、教师发展中心、科研与课程发展中心、文化发展中心、工会等部门开展工作。各年级组、教研组、科技总指导、学生社团等组织的活动需要向相关发展中心事先报备审核，再由各职能部门向学校发展中心报备审核。双休日、节假日重大活动必须填报《上海市徐汇中学关于双休日节假日校园场地使用申请表》，由校长审核通过后，需要做好安全管理预案、落实安全管理工作后方可执行。

第四，细化学校保安人员工作职责。

1. 做好外来人员来访严管、登记。外来人员需入校，学校门卫首先与校内老师和相关人员取得联系，相关人员同意接待后，再凭学校入门登记条并挂好访客证吊牌进校，门卫同时做好登记，外来人员出门时凭入门条及当事老师的签字方可出校。

2. 外来机动车辆未经许可不得进入学校。如因工作需要必须有相关部门事先报备车辆号牌方可进入校园，并由保安负责指定停车位置。所有车辆出入校园必须避开规定的学生进出校园时间段。

3. 做好货物检查，从学校送出东西必须有出门条或领导批示。保安有责任检查进出校园的车辆，防止学校财物被盗。

4. 本校学生在学习期间，出校门须凭班主任的批条，否则不得随意出校门。

5. 下班后班主任负责检查教室门窗是否关好，各专用教室负责人负责检查专用室电气设备及门窗是否关好，各办公室最后离开的教师负责检查办公室电气设备及门窗是否关好，确保学校安全。门卫每天夜间要巡视校园1—2次，加强防范，如发现相关教室办公室没有做好上述工作，应做好记录并及时向有关领导汇报。

6. 每天17：50操场清场，18：00校园内不得有学生在校。

7. 崇思楼原则上晚上6：30拉闸，早上6：40送电。夜间巡视全校关灯、关水。

8. 负责校内及周边安全防范工作，经常收看各重点部位监视视频，发现各种安全隐患，采取措施及时处理，不能处理的应及时上报学校安全领导小组并向有关部门报告。

9. 学校不接受给学生的快递物品。家长送来的学习用品参考规定执行。

10. 学校因接受社会化服务（物业管理、保洁、保养、食堂）等需要的相关工作人员进出校园应当检查、审核其是否挂牌，做好身份核实工作，做好相关车辆管理。

11. 做好护校交警、民警及家长志愿者相关配合工作。

第五，进一步积极探索校园安保工作管理的合理举措。学校积极推进校园安保工作新举措需要统一思想、科学推演，积极与师生家长沟通协调，以确保不合理的问题不发生或少发生。

在徐汇中学，我们清醒地认识到，学校是青少年学习和活动的地方，它的安全和文明尤为家长和社会所重视，作为教育工作者不仅要做好传授知识的工作，更要创建安全文明校园，保证青少年学生的健康成长，以安全为抓手打造平安校园。作为安全管理工作的重要一环，学校安保工作是不容出差错的，也是我们最为重视的工作。我们将继续努力提高安保工作的水准。

家校社协同育人的认识、实践与思考[*]

家庭教育与学校教育密不可分，只有两者有效合作、积极互动，才能更好地关爱未成年人，完成培养人这一艰巨而复杂的任务。本文讲述了对家校社协同育人的认识、实践与思考。

著名教育家苏霍姆林斯基说过："只有学校教育而没有家庭教育，或者只有家庭教育而无学校教育，都不能完成培养人这一极其艰巨而复杂的任务。"学校教育不是唯一的教育，随着时代的发展，我们越来越清晰地看到家庭教育、社会教育也是学生教育的有力要素。而家庭是孩子的第一课堂，家长是孩子的首任也是影响最持久的老师，对孩子的思想品德发展具有不可估量的作用。家长的素质、人生观、日常道德规范等都直接影响着孩子。学校与家庭是影响一个人成长的重要因素，它们对一个人知识水平、个性观念、习惯养成及综合能力的养成，发挥着不可替代的影响与教育作用。家庭教育与学校教育密不可分，应该有效合作、互动共赢。家校社协同育人，对提升中小学德育工作实效起到重要作用。

一、我们的认识

2017 年 9 月教育部发布《中小学德育工作指南》（以下简称《指

---

* 本文作者曹令先，徐汇中学学生发展中心主任，高级教师。

南》），教育部基础教育司司长吕玉刚在新闻发布会上解释，"指南就是明确了中小学德育工作'做什么'和'怎么做'，将德育工作落细、落小、落实"。"《指南》是基础教育领域贯彻落实立德树人根本任务的重要文件，也是今后一个时期各地中小学开展德育工作的基本遵循，对提高中小学德育工作水平将发挥重要作用。"

《指南》包括指导思想、基本原则、德育目标、德育内容、实施途径和要求、组织实施六个方面的内容。其中深化德育工作的"两个结合"，就是根据中小学德育工作的特点，坚持教育与生产劳动、社会实践相结合，学校教育与家庭教育、社会教育相结合，形成德育工作的合力。坚持德育工作的"四个基本原则"之一就是坚持协同配合。发挥学校主导作用，引导家庭、社会增强育人责任意识，提高对学生道德发展、成长成人的重视程度和参与度，形成学校、家庭、社会协调一致的育人合力。同时《指南》指出创新德育工作的"六大实施途径"，其中第六点就是协同育人。要求加强对家庭教育的指导，构建社会共育机制，争取家庭、社会共同参与和支持学校的德育工作。

无论是从顶层设计，还是到具体实施途径，《指南》明确了协同配合的德育原则，提出了"引导家庭、社会增强育人责任意识，提高对学生道德发展、成长成人的重视程度和参与度，形成学校、家庭、社会协调一致的育人合力"。这些无一不在彰显着家校社协同育人的重要性。

另外，中学生道德判断、道德推理等道德认知的发展，中学生对社会角色的认识和体验，中学生道德思维与道德行动的统一，也都需要家校社三方形成一致的认识，采用一致的方法和行为。因为德育不只是一个人、一个学校的事，它是整个社会的事。家庭、学校、社会都负有德育责任。

例如，在志愿服务精神的培养方面，只有家庭和社会积极参与和支持，学校才能创造性地将"自愿""无偿""利他"的道德认知和情感体验以某种安全、高效、快乐的方式推进实施，使学生获得全方位的志愿精神教育。

二、我们的实践

（一）"家庭—学校"依托网络平台加强合作，营造积极向上教育氛围

要改变孩子，首先应该改变家长。所有的父母都希望给孩子优质的家庭教育，但他们大都缺少正确的教育方式和指导方法。所以要发挥各个方面的力量给予家长实质性的指导和帮助。我校依托网络平台，组建班级、校级各级家长微信群、QQ群，同时制定班级、校级微信群公约，各科老师、班主任与家长在网络环境下及时、有效地进行无缝对接，及时了解、沟通和反馈学生思想状况和行为表现，同时也认真听取家长对学校的意见和建议，引导家长注重家庭、注重家教、注重家风，帮助家长提高家教水平。同时，家长们经常在群里交流家庭教育心得，倾诉教育过程中的酸甜苦辣经历。他们既能及时、全面地了解自己孩子的情况，又能通过家长群接受老师们和其他家长们传播的家庭教育指导。这样的家长学校、家庭教育沙龙突破了时空的限制，得到了许多家长的认可与尊重，更有效地提高了对孩子的实施教育，也促使家长更了解学校的办学理念、教育教学改进措施，使得家长对学校有更多的了解，也更加支持学校的工作。

"家校群里互通有无"。我校家委会收集合理化建议，为学校改进教学工作、提高管理水平提供重要依据，同时在家委会领导、学校领导共同组建的微信群中直接沟通、交流、反馈。学校也会就发展规划认真听取家委会的意见。

（二）"学校—社会"常来常往，助力中学生健康成长

1. "迎进来"

（1）与街道合作创建校门口安全文明交通环境

为了加强学校门口上学、放学期间机动车管理，维护校门口正常交通秩序，确保家长及师生的安全，以及道路通畅，学校家委会起草校门口交通文明倡议书，通过班级、校级微信群、QQ群、校园网站进行宣传，部分家长志愿者和徐家汇街道城管中队、学校联合，在每天上学和放学期间进行执勤工作。现在校门口上下学高峰虽然车流量比较大，但是依然井然有序，这都要归功于交警、城管中队执勤人员、家长志愿者们为我们的学生成长创建了安全优质的校园环境。

（2）引进街道专业工作人员为学生成长护航

为了突出学校法制教育，特聘请分管我校的徐汇区检察院、徐家汇派出所、徐家汇街道等相关人员担任我校校外法制辅导员。同时，徐家汇街道社区卫生服务中心一直负责我校的卫生保健，上海市第八人民医院负责学生健康检查工作。我校多次和这些单位联系，围绕学生身心健康发展举办专题教育活动，如季节性疾病防控专题讲座、心肺复苏抢救知识讲座、预防艾滋病专题教育、消防安全教育等，极大地丰富了学生的成长体验和知识宝库。

（3）引进科普拓展课程和高端人文报告

学校积极与大学、博物馆、科研院所建立伙伴关系，利用其丰富的科技资源，引进科普拓展课程。同时，通过家委会大力挖掘社会教育资源，让各行各业的专家、高素质人才走进校园，拓展校内教育形式，延伸教育内涵，通过学校网站、微信公众号一起向外推送，让孩子们感受科技、人文的魅力，让家长通过网络平台看到孩子的成长。学生们拓宽了视野，提升了人文底蕴，领会了科学精神，同时也在心底埋下了一个个勇于实践创新的小小心愿。

2. "走出去"

（1）整合优质资源组织学生开展丰富的社会实践活动

每年五月四日，高一学生走进家长提供的工厂、公司、科研单位等地点体验职业，聆听介绍，亲自参与相关活动，学生们了解了从事相关职业的要求、增加了知识储备，更意识到了学习知识的重要性，受益匪浅。职业体验日活动使学生受到了多元化的教育。这些形式多样、内容丰富的活动，都是学校和家长努力挖掘的，里面蕴藏着无限的德育教育契机，使学生不仅受到思想的熏陶和人格的完善，还提高了沟通能力和解决问题的应变能力等。

（2）开发社区资源丰富学生志愿者活动体验

为帮助我校学子更好地走出校园、融入社区、接触社会，我校与街道社区、一些单位积极联系，如徐汇区档案馆、徐家汇社区学校、徐家汇源景区、宋庆龄故居、地铁志愿者联盟、徐家汇街道和虹梅街道爱心暑托班等，以学生需求为导向，以区域内各类社会资源为阵地，丰富孩子们寒暑假志愿者活动内容。通过这些活动学生们有了直观参与、体验社会的机会，也在活动中体会到了关心他人、帮助他人的乐趣，从而更愿意投入为社会做贡献的公益活动中。

（3）依托家长资源、社区资源展现学校美育成果

我校和台北徐汇中学在艳誉艺术沙龙联合举办的两岸联合艺术展非常成功，第一届以"根"为主题的两岸艺术展活动既表达了"两岸同源"的思想，又体现了"生活的艺术，就是艺术地生活"这样的深刻洞见，委员们一致表示要把两岸艺术展作为家委会的特色活动、常设活动运作好。家委们商定，以后的两岸艺术展将于每年寒暑假各举办一次，要引导学生多比较、多思考，在强调艺术表现力外参展作品还要深挖其人文内涵。

我校和徐家汇街道党工委、徐家汇街道办事处主办的"2018 徐家汇社区各界人士新春团拜会"在徐家汇街道文化中心成功举行。这是

我校国乐团继 1 月 19 日在上海贺绿汀音乐厅举行的新春民族专场音乐会之后，受邀出演的第二场专场音乐会。值得一提的是，在贺绿汀音乐厅举行的音乐会网络直播收视超 1.8 万人次。这两场备受大家期待的音乐会反响热烈，让国乐团的同学们不仅走进了专业的音乐厅，也走进了社区街道，秉承"弘扬国乐传递自信"的精神，以自己的方式努力向社会各界人士传播民族音乐之美和新时代接班人的蓬勃自信之美。

三、我们的思考

中学生德育工作需要家校社协同共建、全面参与，但反思我们的实践还存在不少问题。比如，如何进一步挖掘社区中所蕴藏的大量教育资源，并开发成符合学校实际的德育校本课程，使之更系统化、持续化提升学生核心素养等问题，都有待我们进一步地实践与研究。

参考文献

［1］吕玉刚.《中小学德育工作指南》将成为中小学德育工作的基本遵循［J］. 人民教育，2017（18）.

［2］崔鸣国. 家校互动创建学习型家庭［J］. 中小学管理，2003（11）.

徐汇中学行政会问题提议单

部门：教师发展中心　　　　提议人：龚亮　　　　时间：2019 年 3 月 8 日

问题名称	教研组长考核机制
问题现象描述	1. 以往对教研组长的考核，都只针对组内教师。但我们认为教研组长本身也要以身作则，才能引领组内教师，所以我们也希望教研组长们开课与写论文 2. 另外以往对教研组长的考评打分项目还不是很完善
问题追因分析	1. 有些项目的分数设置以往没有上线。例如，教研组开设拓展课有加分，但像两类课组内的教师往往都开设拓展课，现在没有上线，光一项的分数就会很高 2. 有些项目的分数以往设置不够合理。例如，教研组内教师获奖可以加分。我们部门认为教师获奖分两类：（1）教师写论文，公开课获奖，或者区级骏马奖，耕耘奖等，此类获奖分数应该算高些；（2）还有一种是指导学生获奖，其实有些教师并不直接指导，此类获奖分数应该算低些。我们可以设置一定的权重
问题处理责任职能部门	教师发展中心
问题改进措施和方法	1. 所以这次我们对教研组长的考核方法是组内教师的所有项目，也对教研组长本身有无参加进行考评，两者分数一样 2. 开设拓展课，比方说一个学期一门课几分，限定 10 分，上线 10 分 3. 在统计教师获奖时，我们以教师本身获奖为主，指导学生获奖，作为参考 4. 我们在考评中，还有重要的一项大型考试试卷的命题质量，所以我们将考试科目的教研组与非考试科目的教研组分成两组进行打分 5. 但如何在评分机制当中体现出语、数、英等基础学科的地位，我们还需要拿出更科学合理的方案
问题解决反馈	1. 根据这样的考核机制能更全面、客观地评价教研组长的工作。在这个基础上，我们对教研组长进行考核，最终产生了 6 个优秀，7 个良好，5 个合格 2. 通过教研组长的考核，加强了对品牌学科的建设 3. 通过教研组长的考核，命题能力也得到了加强 4. 对于竞聘的新的教研组长的培训也在跟进中

徐汇中学行政会问题提议单

部门：教师发展中心　　　　提议人：龚亮　　　时间：2019 年 5 月 24 日

问题名称	高校招生宣讲咨询活动反思
问题现象描述	此次高校进校园活动的宣讲环节分两个分会场，分别在小礼堂和重德楼 110 举行。学生与家长的总体反馈比较好，但在某些细节上可以改进 1. 重德楼 110 听讲座的学生的比例比我们预期的要高 2. 部分同学提出有些想听的内容高校没有作为重点内容讲
问题追因分析	事先和学生与高校的沟通没有全部到位
问题处理 责任职能部门	教师发展中心
问题改进 措施和方法	1. 前期通过班主任的排摸，对有希望冲击综评线的学生尽量动员他们去小礼堂听讲座，这些学生对原二本中个别感兴趣的可以在勤体馆个别咨询 2. 针对同学们特别感兴趣的，如高校里开设的课程、毕业后就业情况、食堂、住宿等可以建议高校多讲一些 3. 这次有部分家长也参与了活动，以后可以多动员一下，对后续的志愿填报工作有很大的益处
问题解决反馈	可以事先了解一下，同学们最想从高校获得的信息是哪些，然后与高校进行沟通，这样可以让高校提前做足功课

徐汇中学行政会问题提议单

部门：科研与课程发展中心　　提议人：史莉莉　　时间：2019 年 3 月 29 日

问题名称	如何提高学生参加创新大赛的积极性
问题呈现描述	3 月 24 日上午，主题为"创新·体验·成长"的第 34 届上海市青少年科技创新大赛闭幕式在上海科学会堂国际会议厅举行。我校 3 位学生在"青少年科技创新成果"终评中获一等奖。这次大赛总计 12 个项目获奖，其中创新成果板块共有 8 项获奖，包括一等奖 3 项，二等奖 1 项，三等奖 4 项，另有 3 项科技创意获奖，包括一等奖 2 项和二等奖 1 项，此外科幻画有 1 项荣获二等奖。这次参赛我校获得一等奖 6 个，是去年的 3 倍，但与我校参与研究型学习、市双新评优的人数和第三方认证取得成果的人数相比，优秀的学生参与率还是很低
问题追因分析	年前寒假网上申报时，有年级组长说，因网上申报程序复杂，学生都在外补课没有时间申报，学生没有认识到参加创新大赛对学生综评和个人发展的意义
问题处理责任职能部门	科研与课程发展中心、教师发展中心、学生发展中学
解决问题建议	1. 举办初中和高中专场创新大赛获奖成果宣讲展示交流活动，指导帮助今年申报 2. 加大宣传力度，为创新大赛获一等奖学生做展板宣传 3. 本学期已在校本课程启动会上布置通过校本课程推进研究效率和提升创新品质，并要求初中生人人做研究，本学期教学视导继续跟进 4. 还可策划请优秀毕业生，从自身的经历回校宣讲研究创新对自身成长的帮助
问题解决反馈	1. 2019 年 4 月 26 日，我校科技与艺术创新课程成果展示暨颁奖典礼活动在勤体馆礼堂举行，活动全网直播，可通过互联网在线观看 2. 大力度宣传，做展板为创新大赛获奖学生宣传 3. 积极宣传做好新一届课题研究的第三方认证和双新平台模拟答辩工作，为 12 月的创新大赛做好铺垫工作。目前统计，新高三暑假参加课题第三方认证突破 200 人次，申报人数达 90%。参加双新平台模拟答辩工作人数是去年的两倍，优良率 74%

徐汇中学行政会问题提议单

部门：学生发展中心 提议人：施如怡 时间：2019 年 3 月 1 日

问题名称	开学典礼问题反思与完善
问题现象描述	针对开学典礼的流程、实施进行反思 1. 对直播系统故障的应急预案不足 2. 主持人服装、主持稿和台风有待完善 3. 升旗仪式的细节问题 4. 颁奖仪式环节流畅度不够 5. 发言和节目质量把控要加强
问题追因分析	1. 对大型活动的及时反思和总结不够 2. 仪式落实未引起足够的重视 3. 细节把握未能做到精益求精 4. 对突发情况的预案还不完善
责任人认定	学生发展中心
问题改进措施和方法	针对开学典礼等大型活动，从策划、组织、彩排到实施，学生发展中心需要有更充分的准备时间和更详细的前期准备方案及应急预案： 1. 针对直播系统问题，本次临时采用的网络直播方式暂时解决了问题，计划与电教老师共同对网络直播系统进行完善，形成备用直播方案，作为应急预案 2. 形成主持人选拔和培训机制，在社团课时间组织各年级播音主持培训班，从服装、手卡、台风等各方面进行完善，形成较为系统的主持人培养机制 3. 完善升旗仪式环节的规范性，增加国旗背景和室内出旗环节 4. 颁奖仪式环节，对学生的走位、进退场应多次彩排，提升效率，精益求精 5. 对大型活动的整体时间把控和发言、节目质量加强审核和把控
问题解决反馈	1. 针对场地的设备问题，与电教老师、技术部学生一起对多媒体和转播设备存在的问题进行全面排查，对需要更新升级的设备做好登记和申购 2. 在组织本学期的大型活动校园歌手大赛时，针对主持人、节目和场控进行反复培训、审核和彩排，注重细节把握，活动比较圆满 3. 期中考试后开始选拔升旗仪式的新主持人，做好相应的面试、培训和交接工作

徐汇中学行政会问题提议单

部门：工会　　　　　　提议人：王燕虹等工会委员　时间：2019 年 3 月 1 日

问题名称	关于进一步提高学校医疗基金的使用金额
问题呈现描述	学校医疗基金基数较大。目前有结余 340 万。每年计提每人每月 240 元，全校教工全年总金额 71 万。2017 年开始用于教工住院补贴，2018 年中山医院专项体检费用由此支出
问题追因分析	不了解政策，历年结余较多
问题处理责任职能部门	工会、财务
解决问题建议	在继续住院补贴和专项体检的基础上，增加教工医药费的报销，增加福利。我校选用的保险公司是新华保险，保费低，保额也少，最多不超过 1400 元。除了大医院，还有社区医院、药店刷医保卡买药，提供发票原件，填写单位药费保险单，由工会审核，予以报销。（参考其他学校的方案，并不断完善）
问题解决反馈	已经参考其他学校的医疗补助方案，将根据我校实际情况制订我校医疗补助方案，与新华保险同步进行教工医药费的补助

徐汇中学行政会问题提议单

部门：文化发展中心　　　　提议人：郑斌　　　时间：2018 年 11 月 23 日

问题名称	参观导引汇学博物馆、长廊、创新实验室工作队伍建设
问题呈现描述	1. 汇学博物馆、长廊专业讲解员配置不够合理 2. 参观导引员管理人员工作标准较低 3. 双休日景区开放、校园管理水平需要提高以确保景区游览安全有序
问题追因分析	参观导引汇学博物馆长廊创新实验室工作队伍现状：兼职多，安排冲突。叶老师是英语老师，下学年在另一校区担任班主任工作；王老师教初三政治和另一校区魔术课程；郑老师在南校区上课，每周三个下午。老师们都有各自的教育教学工作，难以协调参与文化发展中心的相关工作 从实际操作情况看在特定时间上无法进行有效安排，尤其是来宾人数较多时
问题处理 责任职能部门	文化发展中心
解决问题建议	1. 尽快培养至少两位汇学博物馆、长廊讲解员及参观导引员，建立成熟的相关工作队伍 2. 完善创新实验室展示讲解标准化工作 3. 制定实施景区管理工作标准；培训管理员 4. 管理员挂牌或统一服装上岗工作
问题解决反馈	学期末，队伍建设情况：建立六位教师参与的工作小组 经过多次接待参观工作，原来的问题基本解决 双休日汇学博物馆服务管理人员培训、挂牌、统一服装上岗工作已完成

徐汇中学行政会问题提议单

部门：文化发展中心 　　　提议人：郑斌 　　　时间：2019 年 5 月 10 日

问题名称	校园安保工作需要提升工作质量
问题呈现描述	1. 防撞柱规范开关存在问题 2. 部分保安思想上不够重视，保安服务意识、窗口形象需要提升 3. 部分教师约见家长未及时通知门卫室等
问题追因分析	1. 对保安工作的指导检查不够细致 2. 安保工作队伍调整后未及时培训教育 3. 未能充分预估紧急事情的发生；部分教师未了解相关工作要求
问题处理责任职能部门	文化发展中心
解决问题建议	1. 再次对保安教育强调防撞柱开关必须双人处理。所有柱子必须一起升降到位。（已经对保安人员培训到位）及时维保防撞柱并在防撞柱上加贴反光膜 2. 安保常规工作标准化培训需要落实到位，及时检查整改。已经根据考核结果调整了部分保安人员；新到岗保安已开始接受校内培训。做到有检查，有记录，有处理意见 3. 家长来校：如果没有教师通知的，一般由保安电话联系教师或者家长联系教师后方可进入；因教师约见家长或者学校工作需要约请家长来校应及时通知门卫及时沟通（班级、学生姓名、约见地点） 4. 新管理举措通报：下周起原则上不再接收家长送来的孩子遗忘的东西。学生发展中心及教师发展中心已经做出安排了 已经对家长做了提醒："为了您的孩子能够学会管理自己的学习生活，养成良好的习惯，自 5 月份起，学校门卫室将不再接受、转交您送来的孩子遗忘的用品。"学校门口已经张贴"如果您是来给孩子送忘带的书、作业、文具、水杯等，请回吧！孩子会因此学会解决问题并在您不在的情况下为自己的行为负责！谢谢配合！"提示牌
问题解决反馈	防撞柱已及时修复，安保人员已经规范操作；建议改进设备 安保工作标准重新拟定"徐汇中学门卫工作职责"，并通过保安人员工作会议，微信群通告，已对每一位保安个别谈话教育。原来的问题已基本解决。需要继续跟进 为了进一步提升学校安保工作管理水准，完成撰写《开放办学理念下徐汇中学校园安全保卫工作架构的探索》的管理文章，并以此为对照自查自检

徐汇中学行政会问题提议单

部门：徐汇中学（南校）教师发展中心

提议人：卜时波　　　时间：2019 年 5 月 10 日

问题名称	2018 学年第二学期（南校）预初家长开放日活动中存在的问题
问题呈现描述	1. 家长休息室布置单一，家长在等候时无所事事 2. 从反馈单看，家长对个别专项课意见和建议相对较为集中
问题追因分析	1. 由于报告厅作为 3 班 4 班上课教室，家长休息室改在了食堂，故无法播放南校宣传片，少了视频的画面和声音来造势，半小时等候时间就显得单调。虽然，教师发展中心已经提前一天，在四块移动黑板上布置了学生的中英文小报，但在空间上，四块黑板在偌大的食堂里显得没有"声势"，在时间上，也不足以让家长看足半小时 2. 个别专项课，学生多、设备少，教师对学生的关注面不够，学生参与度也不够，故家长对这堂课的反响不佳。课后，追问了授课教师，授课教师说曾经有设备被学生弄坏过，之后的课就只有教师一人控制机器，学生参与度自然就不够了
问题处理责任职能部门	徐汇（南校）教师发展中心
解决问题建议	1. 明年预初家长开放日的休息室设置，可以考虑充分利用其他场地资源或者组织校园环境观摩等各种形式。具体详情可参考校园开放日的有效经验 2. 所有对家长开放的课，教师发展中心虽然在各工作组群里告知上课老师要认真备课，但实际上还是更多关注了常驻南校的主课备课组合力，对科技专项和艺术类课程关注度只停留在"提醒"层面。明年开放日调整如下：（1）针对所有开放的课，要提前请授课老师交教案给教师发展中心，从"提醒"走向"监督"；（2）对个别专项课可能发生的情况要有足够的预见，如可以提前建议个别专项课老师利用"分组多设备"的方式来提高学生的参与度和积极性
问题解决反馈	1. 今后南校开放日，提前做一份南校区"汇学报"，舆论导向作用先行 2. 艺术、科技类专项课，教师发展中心事先收教案，与授课老师提前讨论上课时学生分组活动方案

徐汇中学行政会问题提议单

部门：徐汇（南校）学生发展中心及教师发展中心

提议人：盛军、卜时波　时间：2019 年 3 月 22 日

问题名称	2019 年南校校园开放日活动中存在的主要问题
问题呈现描述	1. 开放日当天在校门口出现一位当地老人在门口谩骂，引起个别群众围观，影响学校声誉 2. 在参观专用教室过程中人满为患，非常拥挤，造成一些家长和学生不满意 3. 学生志愿者在整个开放过程中休息调整时间缺乏统一调度，导致个别区域、个别时间段杂乱无序
问题追因分析	1. 周边小区的个别居民文化层次不高，对问题出现后的处理缺乏理性，镇上相关部门没有有效管理疏导。大门口外的这位老人说是由于建造我南校区导致她家房子变形，并导致她本人受伤，政府相关部门至今没有妥善处理 2. 校园参观路线设计单一，没有做好由于专用教室接待能力有限而可能会产生相应问题的预案 3. 由于开放日活动时间较长，学生志愿者年龄较小，没有做好合理安排学生志愿者休息与服务两者间的方案
问题处理责任职能部门	1. 徐汇（南校）学生发展中心 2. 徐汇（南校）教师发展中心
解决问题建议	1. 根据学校要开展的活动情况，南校学生发展中心负责人要及时与周边相关部门进行沟通，让他们提早介入，避免一类似情况的再次发生 2. 南校校园开放日的路线设计要根据南校校园实际情况，至少设计三条路线，让学生志愿者带领参观，以便分流人员，保证参观人员的参观效果与安全 3. 针对岗位要求和学生志愿者的身体承受情况，采取轮岗制、间隙制，保证他们的服务质量，提高开放日活动的成效
问题解决反馈	1. 和学校周边镇政府、镇派出所、居委会等相关部门沟通好，今后学校有重大活动时会及时和相关部门做好预防方案，相关部门也会派指定人员和学校一起保证活动顺利进行 2. 学校相关部门在策划学校活动时会根据校园实际情况，制定几套预案以应对各类紧急情况的出现 3. 学生志愿者和教师志愿者的基本管理培训也已经顺利开展，针对每一次活动还会在活动前安排相应的培训

二、文化管理

培育汇学文化的记忆之场[*]

　　教育是一种文化过程。好的学校教育是能够给学生留下精神烙印。

　　一个人的世界观、价值观和人生观的形成主要是中学阶段，知识基础的奠定及各种能力的养成也在中学阶段。当一所学校能够虔诚地传承历史发展中凝练的文化精华，并把与时俱进的教育追求融入学校发展内涵的时候，从这所校园中走出的学生便会具备不同于他人的气度、情怀和眼界。无论怎样星光璀璨，无论怎样沧桑风云，让这种独特的气质经由每一代莘莘学子薪火相传，照亮前路，是管理者的使命。

　　我校从徐汇公学到徐汇中学走过了整整 167 年的历史，在中西之间、传统与现代之间，不断演绎着自己的传奇，中西兼顾、教俗兼顾、三育（体育、智育、德育）并重、取法其上，管理严格的办学模式成就了历史上汇学的非凡业绩，留下了独特的汇学文化。在这样一个拥有绵长历史和深厚传统的校园中，汇学文化是一代代师生的集体记忆，承载着启蒙和导向的价值。

　　不过，当历史渐行渐远，校园日新月异，文化的记忆需要和历史时刻联系的赖以凝结的场所，需要通过一些最具象征意义的对象，承载、形塑和传承，才能成为教育场，成为绵延不断的文化积淀和精神气质。

---

　　[*] 本文作者姚虹，徐汇中学党总支副书记、副校长，特级教师。

我们认为，凝结保存记忆的场所，可以是具象的建筑、物品、档案、校歌……也可以是不那么具象的校风、学风、纪念日、仪式……这是引导师生寻唤过去、建立校园身份认同的媒介。近年来，学校着力从不同的角度培育汇学文化的记忆之场，熔炼丰富汇学文化的内涵，使学生感受跨越三个世纪的汇学文化积淀，感受汇学文脉绵延的书卷气息，培养学生独特的汇学气质。

一、寻觅汇学文化之根

徐汇公学由天主教传教士于 1850 年创办，是近代上海最早按照西方办学模式所创立的学校之一，被誉为"西洋办学第一校"，或被称作"西学东渐第一校"。上海社科院副院长、近代史学家熊月之研究员评价，近代中国，教会学校数以千计，汇学出类拔萃。近代上海，中等学校数以百计，汇学百里挑一。近百年间，汇学犹如一颗璀璨的明星，在中国教育星空熠熠生辉。熊月之用四个"一流"来概括历史上的汇学。论校园，她属一流，环境优雅，至于设备，更是近于完美。论教师，她属一流，马相伯、蒋邑虚、潘谷声等院长兼教师，个个学贯中西，声名卓著，数学、物理、地理老师人人出身不凡，各有专攻；古文、历史、法文、英文老师都学养卞厚，相当了得。论学生，她属一流，公学的学生数额虽是缓慢上升，但是学生素质保持在很高的水平，卓有成就的难计其数，众所周知的有马相伯、李问渔、马建忠、朱志尧、洪深、傅雷、魏敦山、叶辛、褚君浩……论综合质量，她属一流，1931 年，徐汇公学呈请转为私立中学，上海市教育局对其进行审查，在综合评语中写道："该校创办于 1850 年，历史悠久，成绩斐然，数位沪地教会中学之冠。"

关于历史上的"汇学"可以有多种诠释：一是学校的简称，徐汇公学的学生简称"汇学学生"；二是学校创办的一个刊物，叫《汇学杂志》，分为甲、乙两种，很多毕业生在杂志上发表过习作，保存了大量反映学校历史的珍贵资料；三是学校的图书馆，称"汇学书库"，馆藏丰富，极具特色；四是学校编写的课本，叫"汇学课本"或"汇学读本"，用多种文字编撰，涵盖泰西科学、哲学宗教、世界历史、地理、国文、法语、英语、拉丁语、音乐、体育等，很多由土山湾印书馆印制出版；第五是汇学所揭示的蕴意。1911年，徐汇公学就编写了一本书籍《汇学课艺》，在该书"绪言"中，编者叙述"汇校开创以来六十余年，中西学并重，成长去者已不可屈指数"。后来的公学主持者更把"中西并茂，文章科学俱全"写入《徐汇公学校歌》，学子传唱，代代延续。汇学的蕴意，可以说从更深的意义上揭示了徐汇公学的办学之道，高度浓缩了这所拥有百年悠悠历史的名校的办学理念，具体可表述为"古今传承、汇学东西"。160多年来，在"汇学"这一办学理念的指导下，徐汇中学实施"多彩发展教育"逐步形成了"崇尚科学、爱国荣校、多彩发展"的办学思想。

2010年，在上海社会科学院科研团队的帮助下，学校组织专门班底花费大量心血查阅、研究了数百种中外文著作，对学校历史做了一次全面系统精细的梳理，编成《西学东渐第一校——从徐汇公学到徐汇中学》。师生们可以通过此书知晓汇学曲折多姿的历史，感受汇学人探幽钩沉所熔炼精神和气质。

近年，学校又把"汇学"定义为校训，进一步深化其内涵。荟学：荟萃学识，丰富学生多元的知识储备。会学：掌握规律和方法，具有自主学习的能力，学会学习。慧学：智慧地学，学出智慧。汇学：由学做学问上升到学做人——古今传承，中西汇通。把学生培养成"汇学型人才"（汇学＝荟学＋会学＋慧学），使其成为有科学素养、人文涵养、艺术修养、文化教养的现代公民是学校的育人目标。

二、打造看得见的汇学文化

充满人文气息的校园是凝结汇学记忆的有形场所，汇学校园虽不大，但是学校追求"让草木发出教育的声音，让建筑彰显育人的价值，让校园的每一个角落都散发浓郁的人文气息"。近年，学校通过修葺上海市历史保护建筑崇思楼、建设汇学长廊，修建博物馆，改造校园文化景观，设计文创产品将汇学独特的历史、理念、愿景和追求蕴含在美丽的校园环境中，把汇学的教育主张和文化气质潜移默化地传递给生活在菁菁校园中的每一个学生和老师，打造看得见的汇学文化。

走进徐汇中学校园，到处洋溢着浓郁的文化氛围。校园里，马相伯塑像的底座成"W"型，是英文"why"的首字母，又像一本翻开的书，激励学生徜徉书海，求学质疑，周围汉白玉雕刻的书本上镌刻着不同年代的校歌歌词，见证传承。失而复得的南校舍（砺行楼）前立有一块石碑，老校长的诗和百年银杏树下美术老师设计的银杏叶雕塑相互呼应，象征叶落归根，寄寓着祖国统一的美好心愿。崇思、尚学、重德、砺行四幢教学楼的命名分别蕴含着"学而不思则罔，思而不学则殆""君子以厚德载物""砥砺廉隅"等中国传统文化精髓。崇思楼前古典喷水池和樱花大道相映成趣，芳香植物区、蔷薇科植物墙、银杏园都是校园中师生们流连忘返的景致。

弹格路边的汇学长廊立体展示了徐汇中学160多年的历史，形象再现办学历程中的人事物，演绎校史精华。百年崇思楼里的汇学博物馆利用实物、图片、文字、图表等丰富的文物，以实物见证，以情景再现，以故事活现，让人真切感受徐汇中学160多年传承的文化积淀，从中解读学校发展的文化基因和密码。

2012年，"徐家汇源"城市人文景观获批国家4A级景区，被誉为"生活着的百年上海"，汇学崇思楼是文化景观的第一站，其他的景观还有闻书香——徐家汇藏书楼，览圣迹——徐家汇天主堂，究科学——徐家汇观象台，溯既往——光启公园（公墓），圆梦想——土山湾博物馆。从看得见的汇学文化到可触摸的徐家汇历史，汇学文化的记忆场所得到拓展，一百多年来徐家汇积淀和蕴含的人文气息更有助于学生文化理解力的提升和人文情怀的塑造。

三、凝练汇学的课堂记忆

"汇学"的历史与近代中国和上海历史的变迁息息相关，是中国近代史的缩影，"汇学"课堂记忆的凝练首先从历史学科的近代史教学开始尝试。学生熟悉的人、事、物是历史教育的极佳切入点，可以从激发学生兴趣，产生共鸣开始获得历史的感悟和认识。在历史课堂教学中追寻和传承"汇学"的文化和精神，引导学生寻"根"的教育是应对现代社会中整体时代精神迷失的重要途径，这是历史学科核心素养的重要内容，更是中学历史教师的职责。

比如徐汇中学的首任华人校长马相伯。马相伯出生那天——1840年4月7日，英国议会以微弱的多数票否决了反对女王政府发动对中国进行不义战争的议案。1841年7月，英国舰队突破长江，攻占了马家世代居住的丹徒（今镇江）。1939年，马相伯因为抗日战争被迫因病居留越南谅山，于11月4日溘然长逝时，又逢世界反法西斯战争的开始。

这一百年，中华民族内忧外患，多灾多难，马相伯毁家兴学，参政议政，奔走呼号。他的生命横跨清朝五位皇帝执政时期和民国的大半时期，亲身经历过晚清及辛亥革命时期诸多重大历史事件，是中国近现代历史的重要参与者和见证人。他是洋务运动、立宪运动和辛亥革命后民国的重要人物，"九·一八"事变后，他宣传抗战，声望空前提高，是国人心目中的"爱国老人"。19世纪下半叶至20世纪上半叶的中国政界、学界名流，诸如李鸿章、刘铭传、张之洞、丁汝昌、袁世凯、王韬、华蘅芳、盛宣怀、张謇、汤化龙、陈其美、陆徽祥、严复、顾维钧、唐绍仪、吴稚晖、段祺瑞、熊希龄、冯玉祥、胡汉民、宋庆龄、蒋介石等，马相伯几结交殆遍。此外，马相伯和日本明治维新名臣伊藤博文、大隈重新及朝鲜李朝大院君、闵妃也都相稔。柳亚子诗云："一老南天身是史。"一百岁的教育家、政治家在中国近代是绝无仅有的，他的经历和视野是中学历史课堂中中国近代史教学的极佳素材。

比如教授抗日战争的历史，教师和学生们一起回忆校史馆里的相关图片资料，聊着在收容难民过程中，汇学学子力所能及的义举，参加学校组织的赈济活动，响应学校号召"全体师生伙食一度每餐缩减荤菜一只，以搏节的钱捐给前线的将士，期对抗战做出微小贡献"。作为一名中学生，虽然暂不具备参与社会革命的机会与能力，但是当年的汇学学子们在校内刊物上大量发表文章，无论是反思自我还是同人共勉，都充满着有志青年的爱国情怀和民族自尊，都充满朝气怀揣希望，为今时今日汇学学子所神往。

徐汇中学抗战期间最苦难的岁月是在1945年来临的，当时强弩之末的日军准备死守上海，并要求占用徐汇中学的校舍。面对日军的威胁，为了保证全校师生的人身安全，学校还是迅速开展了繁杂的迁校活动。抱着不让敌人占用一桌一椅，不落下任何一件物品的想法，徐汇中学师生几乎清空了所有日军占用的场所，不可思议地将任何能拆卸的东西都拆散储存起来，甚至将大礼堂的台阶也拆走，最后还有六七十架铁床搬放在露天操场上，据说日本鬼子要开伤兵医院，铁床最需要了，学生于是赶快去借了许多钳、铗、锤，把铁床拆卸收藏起来，唯一没有拆除的是电灯和灯罩，以防激怒日军而对校舍造成更大的报复性破坏。这段画面感很强的故事，使学生们兴味盎然，大家转头看看窗外绿草如茵的大操场，想象着70多年前学长们和日军斗智斗勇的情景，不自觉地笑了出来。

这段煎熬岁月中青年学生的愤慨、责任与热血化成了努力奋斗的动力，当年的学长在日记中说："总之，他们给我们一切恶劣的状况，一切愤怒的心理，使我们在更有可能的轰炸目标下，度着半壁江山的偷安生活，但我们要秉着大无畏的精神……在这困苦的环境下，埋头苦干，加倍努力，坚持到底，不屈不挠，等待光明的来临，我们可能读一天书，总是要读一天书的！"当教师在课堂上朗诵这段话的时候，尤其是到最后一句，能感受到安静课堂中学生们的动容。

收容难民和搬迁校舍的轶事发生在汇学校园里，马相伯曾在汇学校园里生活和工作，熟悉的校园，鲜活的历史人物，是历史教育的极佳切入点。丰富的细节，轻松的方式，充沛的情感，可以感染学生，激发学生的爱憎情感，爱国不是空洞的口号，为民族大义乃至人类和平贡献微薄之力也不是遥不可及，有先贤和学长的善举在前，后辈学子薪火相传，这是每一代汇学人的使命与荣誉，也是校史文化传承的独特魅力。

除了基础课中"汇学"记忆的凝练，历史组教研组还尝试开设校史拓展课，编写校史教材。利用"汇学博物馆""徐家汇源"等相关历史资源，培养学生的历史意识和研究能力，关注他们在情感、态度和价值观方面的成长变化。在具体的课程目标规划方面，主要是以课堂教学、实地考察和小组探究相结合的方式，提出了"走一走、读一读、做一做"的教学要求。走一走，领略历史的沧桑感，带领学生实地考察"汇学博物馆""汇学长廊""徐家汇源"等人文历史留存，触摸身边灵动鲜活的汇学，体会学校"崇尚科学，爱国荣校，多彩发展"的办学传统；读一读，体会前辈的使命感，引导学生阅读有关校史书籍和其他相关著述，感受文本中蕴藏深厚的汇学，知晓曲折多彩的校史，了解改革开放以来日新月异的学校面貌；做一做，激起自身的责任感，要求学生以小组探究的方式研究一位汇学名家，在收集、整理和分析材料的过程中深度接触汇学，了解其代表人物，进入其精神世界，感悟其伟大事业。

在学科教学中，历史课可以说是融合校史资源最多的学科。中国近代一百多年的历史，有屈辱、有抗争、有探索，在艰难中开始近代化的探索，是历史课堂凸显民族精神教育的好素材。这一百多年，徐汇中学也经历了初创、发展、转制和改革，在学校历史发展进程中出现的知名校友、知名校长、教师，他们对于学校的发展乃至上海和中国的近代历史都产生过影响。在课堂中可以通过多种形式和途径学习汇学名人的事迹，引导学生掌握评价历史人物的方法，培养学生思维能力，更可以利用丰富的细节、轻松的方式、充沛的情感去感染学生，激发学生的爱憎情感，对学生进行理想及人生观教育。

四、构建汇学记忆的德育课程

2016 年，学校完成了德育课题"汇学校史育人课程的设计与实践"，根据不同年龄段学生的思想特点与成长规律，设计不同学段校史育人课程的主题和实践活动，并尝试整合行规教育、团队活动、课外实践等内容，初步构建了汇学育人课程的框架（见表1）。

表 1　汇学育人课程框架图

年级		主题	释义	实施原则	课程内容		
					德育活动	学科教学（历史）	两类课程
起始学段	预初	荟学	关注积累学会融合	初识激趣	主题班会 慈善义卖 汇学小博士 汇学志愿服务 汇学辩论赛……	入学教育	
	高一					国防教育 南京历史考察活动 早期西学东渐	相关研究课题
中间学段	初一	会学	学会学习领会要义	浸润探究		换代大红领活动 抗战教学	校史拓展课程
	初二					十四岁集体生日	
	高二					绍兴人文实践活动 学农活动 洋务运动 抗战教学	
毕业学段	初三	慧学	智慧地学学出智慧	拓展传承		毕业典礼	
	高三					十八岁成人仪式 上海历史的变迁	

马塞尔·普鲁斯特在《追忆似水年华》中，有一段对微不足道之物的思考："蒙布瓦希耶公园中的鸟鸣，或是带有木屑草气味的微风，显然没有法国大革命和法兰西第一帝国时期的重大事件影响大，但它们却启示了夏多布里昂，使他在《墓外回忆录》中写下价值要大无数倍

的篇章。"① 保存校园记忆的场所，很多时候是博物馆、教科书、档案，是显性的，具象的，但是有一些隐性的，不那么具象的———一个纪念日、一个仪式、一场班会，也许会是校园记忆中最具象征意义的对象。

在汇学校史育人课程的建设中，我们的老师在课程的开发和实践方面做了很多有益的尝试，构筑了师生共同发展的平台。教师进一步意识到以道德伦理规范的灌输提高学生的道德知识水平是很难得到学生认同的，甚至是徒劳和无效的。而结合汇学资源拓展班级特色的活动，让校园历史和文化精髓逐渐渗透、转化为学生行为的内在动力，有事半功倍的效果。教师的观念也从最初课程的"执行者"向课程"决策者"过渡，获得成长。

比如现在的学生对于国歌、校歌的热情远不如对流行歌曲的喜爱，集体活动时国歌声和校歌声越来越小，利用校史故事对学生进行教育，激发学生对学校悠久历史和深厚文化底蕴的自豪感，从而激发学生对校歌，对学校的认同和热爱，进而引导学生抒发情感、热爱生活。教会学生认识生命的价值，热爱生活、对生活有激情，才会萌发出爱国主义和民族自信心。从一首校歌切入的教育过程，自然、真实，有一种积极向上的力量，爱国荣校都要从一言一行做起。校史课程有特色、有个性，也是学科德育润物无声的载体。

以丰富的"汇学故事"为载体且形式多样的汇学德育课程提供的知识具有情境性和人际性，引起了学生的极大兴趣，曾经鲜活地发生在校园中的故事可以直击孩子的心灵，感染和滋养他们，帮助他们在现实中学会思考，明辨是非，懂得感恩，感知责任。经过学习浸润，学生积累了对汇学文化的情感认同，课程中的多彩活动又为学生提供了空间和时间，使学生在实践体验中扩大对"汇学"精神、高尚品行的认知和向往，对于开启学生心智、塑造性格，陶冶情操起到了积极的作用。

---

① （法）M. 普鲁斯特. 追忆似水年华［M］. 周克希，等译. 译林出版社，2012.

五、追寻汇学校友的情怀记忆

校园是梦想的摇篮，是初心的源泉，每一位校友都是学校的财富，每年11月第一个星期六，是汇学校友的返校日，越来越多的校友与母校建立了密切的联系，反哺母校，更珍贵的是很多校友成了在校学生的"成长导师"。比如捐资母校建设的任九皋、建筑学家魏敦山院士、物理学家褚君浩院士等杰出校友，更成为汇学师生心中的人格丰碑，引领着汇学学子探寻人生的意义，领悟生命的价值，塑造高尚的情怀。

2016年，在上海社科院、上海地方志办的支持和帮助下，徐汇中学成立了"少年中国梦孵化基地"。我们的初衷是引导学生以学校所在地的徐家汇社区和邻近的天平社区为主体，充分发挥学科、地缘优势和学生能动性，展开地方志相关调研，在这一过程中追寻和聆听"汇学"校友和杰出人物的情怀记忆，以他们的人生境界引领学生追求崇高。也让新生代的上海90后、00后有更多的机会走出校园，接触社会，通过相关主题的乡土调研和采访研究，了解上海历史，传承上海城市文化精神，爱上并共同建设这个城市，坚定投身建设祖国、建设家乡的信念，为实现"中国梦"的理想而努力。更进一步拓宽"汇学"文化的记忆之场，将"汇学"与近代上海教育发展、上海城市文脉等专题相结合，拓展学生的视野。

2017年，"汇学"少年们的主题调研和采访主要有两个方面，一是不忘初心和使命——革命者及后代与少年对话，二是未来如何不迷路——科学家与少年的对话。他们以笔录史，采访徐汇中学第一任书记、地下党员王仲麟，新四军老战士厉敏之、陈扬，上海社科院首任院长、百色起义领导人雷经天的儿子雷炳坚，罗炳辉将军的儿子罗新安等，用独特的方式缅怀革命者的不朽功勋，明确新时代少年的责任和道义。采访建筑学家魏敦山院士、物理学家褚君浩院士、脑科学家杨雄里院士、化学家丁奎龄院士、天文学家叶叔华院士、心血管病专家葛均波院士以及北极探险家杨剑教授和化学科普大使吕龙研究员，对话这些站在时代巅峰仰望星空的院士和科学家们。文明中国强调核心价值观，这些革命者和科学家就是其中"爱国、敬业、诚信、友善"的典范。在活动的设计中我们也特别注意活动主题要鲜明有侧重，从不同年龄段学生的身心特点出发，让红领巾们更多地走近老战士，发掘和承继红色基因。而共青团员们大多为高中生，思想相对成熟，更倾向和院士科学家对话，学习和弘扬他们的报国情怀，这也是高中生涯教育的特别体验。

在一年的时间里，16位汇学学子感受和记录了杰出校友、革命者、科学家的情怀和梦想，在各类报刊杂志和网站发表文章36篇。在查找阅读受访者背景资料，拟定采访提纲，与受访者对话交流，撰写采访稿，进行回访致谢的过程中，他们收获的不仅仅是文字变成铅字的喜悦，他们的学习视野得到开拓，学习能力得到提高，更重要的是这样的精神洗礼，使"汇学"少年们的责任感和使命感油然而生。

陆天锴同学采访了徐汇中学第一任党支部书记、地下党员王仲麟，他说：采访过程中，有一件事让我格外印象深刻——王书记自豪地说，作为徐汇中学第一任党支部书记，是他亲自组织了徐汇中学抗美援朝动员活动，动员活动在当时取得了非常显著的效果，甚至被中央人民广播电台当作优秀事迹和范例特别报道。1950年，时任徐汇中学第一任党支部书记的王锺麟只有二十几岁，二十几岁的他肩负着党给予的光荣职责与使命，二十几岁的他通过自己的踏实努力在百年汇学校园里播下了中国共产党的历史火种，二十几岁的他推动了徐汇中学这所百年名校从教会学校转型成为新时期的公办学校，并且把徐汇中学的爱国主义精神继续发扬光大。这位值得尊敬的长者为我们树立了一个伟大的榜样，我们从他的故事里看到了踏实努力、勤勉坚强的优秀品质，这也深深地影响、激励着"汇学"少年。

采访魏敦山院士的孔一喆牢牢记着魏老的话："徐汇中学的经历使我养成了坚持体育锻炼的习惯和乐观向上的心态。"她说："这让我想到了清华大学的一句口号：为祖国健康工作 50 年。健康不但使我们身心愉悦，也让我们保持着充沛的精力为祖国奉献自己的才华。作为一个即将毕业，就要选择人生方向的中学生，无论以后从事什么工作，健康向上，乐观开朗都是我们事业成功的前提。"

大队辅导员郑静洁老师陪同少先队员一起参与了对新四军老战士厉敏之、陈扬以及天文学家叶叔华院士的采访。她说："和三位老人的交谈，现在回忆起来，依然会带给我强烈的现场感受，屡屡被他们身上所折射出的敬业心和爱国心所感染。最让人感到亲切的是，这几个耄耋老人在讲述自己那段'特殊'经历时的幽默乐观。在与他们的对话中，能感受到的是他们对祖国的一份朴实深重的、发自内心的爱。经历艰苦的年代，一颗拳拳爱国心，依旧炽热。"在采访的最后，老人们不约而同对红领巾寄语希望："祖国的未来是你们的，你们肩膀上的责任重大，要牢记使命，好好学习。"郑老师说这也是对她——一名少先队辅导员提出的希望，在今后的工作中，她要时刻以培养合格社会主义接班人为己任，真正做到成为学生思想上的引路人。

中共十九大报告提出要"广泛开展理想信念教育、深化中国特色社会主义和中国梦宣传教育……引导人们树立正确的历史观、民族观、国家观、文化观"。其中，"历史观、民族观、国家观、文化观"是新时期的文明战略，被高端智库称为新时代的"四观"。一年来，基地学员的学习实践很好地体现了新"四观"的培育，润物无声地融入学习和生活，转化为情感认同和行为习惯，对汇学学子的成长具有重要意义。

传承信仰之光和理想之火
让红色文化"活"起来*

每逢高考结束，总有大批考生放飞心情，背上行囊，成就一场场说走就走的旅行。今年，很多未来的大学生没有像以往一样飞赴海外度假，而是选择去中共一大会址、遵义会议旧址等爱国主义教育基地自觉接受红色基因的洗礼。作为教育工作者，笔者欣慰之余，更感受到了"信仰的力量"。

一、构建红色文化的记忆场和教育场

红色文化是上海文化的底色。为了更好地传承信仰之光和理想之火，让红色基因融入城市血脉、根植市民心中，凝聚起团结奋进的强大精神力量，上海已全面启动实施迎接建党百年"党的诞生地"发掘宣传工程。上海不仅有中共一大纪念馆、老渔阳里2号这样的革命旧址，还有众多革命先辈、仁人志士的故居，这些资源不只涵盖革命时期的上海，更包括社会主义建设和改革开放时期的上海，是红色文化的宝贵载体。在这个"互联网＋"时代，新媒体新技术层出不穷，通过视觉、听觉、触觉来感受"红色文化"，有助于青少年领略历史的现场感和沧桑感，体验历史的发展变迁，理解上海城市的"红色基因"。法国学者

---

　　* 本文作者姚虹，徐汇中学党总支副书记、副校长，特级教师。

皮埃尔·诺拉曾提出历史在加速消亡，需要凝结记忆之场。红色记忆需要和历史时刻联系的赖以凝结的场所，才能成为教育场，成为绵延不断的文化积淀，润泽传承于后辈。当然，构建红色文化的记忆场，并不局限于参观考察这些传统的形式。以"红色文化"为主题的城市定向越野活动，重温"红色记忆"的书画摄影、微视频比赛，绘制"红色文化遗址"手工地图、设计文创产品……这些带着时代温度的创意活动让红色文化"活"起来，其形式也深受青少年们喜欢。

二、红色教育有细节有内涵才有生命力

中国革命历史是最好的营养剂，但开展红色教育就跟学习历史一样，有精彩的细节，有丰富的内涵，才能有鲜活的生命力和震撼人心的魅力。比如，1949年，就读于上海徐汇中学的胡聿章来不及领取高中毕业证书就投身革命。4年后，他长眠于抗美援朝战场。他一定未曾想到，他的毕业证书被一位同班同学小心翼翼保存了半个多世纪，直到2010年，这位同学通过校友会的帮助，将这份珍贵的烈士遗物交付给他的亲属。徐汇中学校史馆内至今收藏着《徐汇中学第九十九届高中毕业纪念刊》，胡聿章自己填写的档案个性十足："嗜好：听音乐。最恨什么：拍马、吹牛。准备做什么：教员。绰号：猩猩王，有着一颗货真价实的人心"。徐汇校园里还有全校师生同仇敌忾对抗日军的故事……熟悉的校园，鲜活的人物形象，浓厚的家国情怀，当年同龄人对理想和真理的执着，正是最能打动学生的地方。可见，真实、生动、于细微处见精神，因势利导地培养青少年积极正向的情感态度和价值观，应该是红色文化研究、教育和宣传的重点。

三、打开历史教科书要有"正确方式"

打开历史的教科书要有"正确方式"。提升红色文化的吸引力，除了在内容、形式和途径等方面要契合时代特色外，还需要掌握教育资源

的施教者对红色教育的认识和定位，他们对教育对象需求的了解，直接决定了红色教育的品质。现今的青少年对很多问题都有着自己独特的见解。正如一位高中学生所言："我觉得给我一段史料去理解，抑或是背诵历史事件，其实和语文学习无异；寻找事件的背景，如何从事件中发现有意义的部分，才是学习真正的价值所在。"新生代上海青少年更愿意走出校园，接触社会，如果能将红色文化与上海教育的发展、上海城市文脉的延续等专题相结合，引导学生将红色教育放在民族复兴和人类进步的大格局中认识和考量，使学生对这座城市、对家国的热爱和情怀润物无声地融入学习和生活，转化为情感认同和行为习惯，那对他们的成长更具有重要意义，而乡土调研、口述实录、课题研究都是可以深入的形式。当然，这不仅需要拥有资源的各方通力合作，更需要适切的顶层设计。

欲知大道，必先为史。青少年是受教育主体。面向未来，面向世界，"把红色资源利用好、把红色传统发扬好、把红色基因传承好"，激发学生家国一体的爱国情、经邦济世的报国志和荣辱与共的兴国心，是一个重要的时代课题，也是全力打响"上海文化"品牌的重点任务。

传承红色基因　打造红色学校

——构建"红色文化"教育体系*

　　党的十八大再三强调"传承红色基因，发扬红色传统"的要求，在党的号召下，全国各地的学校开展了一系列的"传承红色基因"的宣传教育活动和课程讲座等。上海市徐汇中学作为一所有着丰厚历史和文化底蕴的百年老校，谨记党的召唤，深入探索构建"红色文化"教育体系，深化"传承红色基因"教育理念：一是开发系列主题课程，将理想信念教育融入课程与课堂；二是开展系列主题活动，将爱国主义教育融入活动；三是开展各项仪式教育，将爱国荣校渗透学子血脉；四是加强校园环境建设，打造红色景观文化。通过这一系列的活动与建设，将徐汇中学打造成红色学校，让红色基因代代相传。

引言

　　红色文化是在革命战争年代，由中国共产党人、先进分子和人民群众共同创造并极具中国特色的先进文化，蕴含着丰富的革命精神和厚重的历史文化内涵。传承和利用红色文化独特的价值功能，是发扬革命先辈光辉精神的需要，是实现中华民族伟大复兴中国梦的需要，不仅对打

---

　　* 本文作者顾卫君，徐汇中学学生发展中心副主任。

造具有中国特色和世界影响的红色文化产业具有重要的促进作用，也有利于丰富中华文化和指导社会主义建设。

党的十八大以来，习近平总书记多次强调，要"把红色资源利用好，把红色传统发扬好，把红色基因传承好"，并强调指出"红色基因不能变，变了就变质"。中央军委于 2018 年 6 月印发了《传承红色基因实施纲要》，推动红色基因融入官兵血脉，确保军队血脉永续。作为社会主义建设者和接班人的青少年，更应该铭记红色基因的根本内涵及其深远意义，赓续光荣传统，让红色基因融入血脉。

高中阶段的青少年知识体系结构逐步构建，心理素质逐步提高，正处于世界观、人生观、价值观初步确立的黄金时代。徐汇中学非常注重高中生对红色基因的传承，开展了许多有效的活动来继承红色基因，经过摸索和实践，构建了一套"红色文化"教育体系。

一、开发系列主题课程，将理想信念教育融入课堂

（一）"红色传承"系列课程

徐汇中学开展了优秀学生干部"教育精准扶贫"综合社会实践活动，组织优秀学生干部在暑假期间前往贵州省遵义市进行为期 6 天的社会实践。师生们来到了遵义市正安县瑞溪镇木盆寺村开展扶贫工作。正安县是国家级贫困县，生活物资与教育资源匮乏，团学联募集了 90 多箱文具、书本与衣物捐献给瑞溪镇中心小学。同学们与当地老乡们同吃同住，了解贫困家庭的生活状况，并帮助他们做一些力所能及的农活，还前往木盆寺完小与瑞溪镇中心小学授课，希望通过精心准备的戏剧表演、巧手折纸、创意刮蜡画、巧算 24 点等课程，为留守儿童带来温暖与希望。徐汇中学曾宪一校长也亲赴木盆寺村，与瑞溪镇中心小学校长签订了捐赠协议，并化用马相伯老校长的话来激励孩子们：读书就是爱国，爱国必须读书。在 6 天的社会实践中，学生干部们克服了天气、地形、贫困等艰苦条件，重走长征路，传承革命精神，视帮贫扶困为己

任，真正成为"感恩、善良、责任、大气"的汇学人！

徐汇中学也是"少年中国梦"孵化基地。一座城市要走在文明的前列，核心竞争力就在于科学基因、红色基因和创新基因。一年多时间里，徐汇中学"少年中国梦孵化基地"在洪民荣、王泠一等上海史研究专家的引领与指导下，以口述采访为主要载体，完成了对一批革命志士、科技精英、知名校友的走访项目。同学们走近、对话大师，将采访所得记录下来，整理成文，先后多次发表在《文汇报》《新民周刊》《新民晚报》《新闻晨报》等大众传媒，还被收录到《2016年上海精神文明发展报告》中。"少年中国梦孵化基地"是徐汇中学德育实践创新的大胆尝试，取得了令人欣喜的成效。它为同学们搭建了视野广阔、专业性强的学术平台，从大师身上，正茁壮成长的青少年们更真切地体会到"爱国""感恩""责任""担当"等精神的具体内涵，它们不是虚无空洞的口号，而是深入骨髓的、属于中华民族的优良品质。

（二）理想信念教育课程

习近平总书记说过："要坚持学而信、学而思、学而行，把学习成果转化为不可撼动的理想信念，转化为正确的世界观、人生观、价值观，用理想之光照亮奋斗之路，用信仰之力开创美好未来。"① 徐汇中学通过青年党校、团校、"青年大学习"活动、团员"一学一做"主题教育、"汇学团建主题论坛"、团支部主题团日等途径，加强高中生的理想信念教育。

青年党校和团校一向是学校抓思想教育的主要阵地，以培养优秀团干部和共青团员为办学宗旨，其核心意义在于为广大团员青年掌握先进理论、科学文化知识，增长才干、提高思想觉悟提供有力的保障。我们精心设计课程，内容充实丰富，形式新颖多样，凝聚更多的优秀青年，为国家培养优秀的青年团员做贡献。"青年大学习"活动旨在引领广大

---

① 《习近平总书记在纪念红军长征胜利80周年大会上的讲话》。

青年团员深入学习、宣传贯彻习近平新时代中国特色社会主义思想和党的十九大精神。为深入学习习近平总书记系列重要讲话精神，大力推进从严治团，切实增强团员的先进性和光荣感，全体共青团员开展了"学习总书记讲话，做合格共青团员"主题教育实践活动，督促团员青年把"一学一做"学习教育落实到具体的学习中，起到一名团员的示范表率作用。而"汇学团建主题论坛"、团支部主题团日等旨在发挥团干部的示范作用，勉励团员青年要带着强烈的使命感和责任感，不忘初心，坚持信念，努力拼搏，勇于奉献！

（三）"汇学育人核心品质"系列课程

众所周知，德育以活动为载体进行育人，"感恩、善良、责任、大气"是徐汇中学的核心育人目标，针对学校德育目标和各学段学生的年龄特点，设计了丰富多彩、循序渐进的德育活动，形成同一体系、不同梯度的德育主题序列活动（见表1）。

表1　汇学育人核心品质主题活动序列设计（高中）

育人核心品质		高中阶段	序列活动	特色活动
一级指标	二级指标			
感恩	孝老、爱亲	感恩教育是维系社会和谐发展的重要手段，是促进社会道德秩序、政治秩序、文明制度建设的基石。高中学生要明确"孝老爱亲"的对象不仅是家中有血缘关系的老人和亲属，也应该是老师和同学，更应体现出广阔的社会人文关怀，"老吾老以及人，幼吾幼以及人之幼"	高一： 亲情系列主题班会活动 1. 给家中的长辈写一封信 2. 写一篇父母观察日记或采访记录 3. 议家风，晒家训 高二： 校园系列主题活动 1. 给汇学校友写一封信 2. "感恩我身边的他/她"征文活动 高三： 1. "自豪了，我的校！"征文活动 2. 给母校老师写一封信	1. 优秀学生干部"教育精准扶贫"综合社会实践活动 2. "少年中国梦"孵化基地活动 3. "汇学"辩论赛 4. "汇学"小博士 5. "汇爱"主题爱心义卖 6. 高一南京爱国主义教育综合社会实践活动 7. 高二绍兴传统文化教育综合社会实践活动 8. 高三成人仪式 9. 高三毕业典礼

育人核心品质		高中阶段	序列活动	特色活动
一级指标	二级指标			
善良	纯真、温厚	善良教育是德育教育的重要内容，它需要时时戒惕、处处留意。高中学生在待人处事中强调心存善良、向善之美；与人交往，讲究与人为善、乐善好施；对己要求，主张独善其身、善心常驻。培养善良的品格，懂得尊重他人，善于理解他人，乐于帮助他人	"立善品，行善事，做善人"日行一善系列活动 高一：家庭主题 高二：校园主题 高三：社区、社会主题	
责任	尽责、担当	责任感是每个人都必须具有的素质，每个人都必须拥有责任并履行责任。高中阶段学生能明确对自我、他人、集体、自然、社会、国家所负的责任与命运，感悟和体验各种社会角色的责任	高一：法制教育系列活动 职业体验系列活动 高二：生态环境保护活动（校园护绿队） 高三：国家意识和政治认同	
大气	大方、从容	大气是一种良好的心理品质，学生在高中阶段懂得正视自我、体谅他人；做事识大体，能用一颗包容的心来善待身边的人和事；为人豁达、爽气，胸襟宽阔	育人核心品质格言系列活动： 高一：汇学核心品质诗词吟育大会 行为规范，文明礼仪 高二：汇学核心品质演讲比赛 尊重差异，多元交流 高三："我探世事多变化"主题班会课 全球视野，理性思维	

我们主要从形式多样的活动入手，让学生通过各种实践活动来了解育人核心品质的内涵。对于学生而言，活动的开展不能仅仅是形式，更要是"合适"。

其余序列活动还有"汇学校长奖"评选、"汇学"古诗词吟诵比赛、"汇学"辩论赛和"汇学"小博士比赛等。习核心品质，形汇学风气，汇学始终将育人放在学校教育的中心位置，通过高中同一体系、不同梯度的德育主题系列活动，将"汇学精神"融入学生的成长过程，为培养高情商的爱国者提供最优质的环境。

（四）"社会考察"系列课程

这个系列课程有四个主题：爱国主义教育、人文历史、工程素养培育和职业规划，旨在让学生进入真实的自然和社会，接触真实的历史和文化，体验其中蕴含的智慧，培养学生科学的研究方法。

高一年级南京爱国主义考察活动。在为期三天的实践活动中，学生满怀肃穆与敬意，举行"烈士精神永留存，红旗自有后人擎"的雨花台的祭奠仪式；参观南京大屠杀遇难同胞纪念馆时，除了难以抑制的悲痛和愤怒，更明白了和平何其可贵，青年应当自强！在和平广场的微型班会，更是让学生时刻牢记：要铭记历史，更要鞭策自己，谨记身上的责任，为实现中国梦而努力！

高二年级绍兴考察活动。我们在大禹陵举行公祭仪式，学习先贤为国为民而忘我的精神，努力继承"大禹精神"；我们在兰亭以曲水流觞的方式作诗词来"畅叙幽情"，感受中华文化的魅力；我们走进鲁迅故居，原汁原味解读鲁迅作品，感慨先生民族之脊梁的高尚精神！汇学学子回眸千年古越的历史，汲取无尽的精神力量！

工程素养培育社会实践活动。学校致力于培养学生的工程素养，除了开设相关课程外，还组织了各种社会实践活动。如高一年级和航海博物馆共建，学习前沿的航海知识；组织优秀学生参观中国航天研究所，学习航天人的精神。暑假期间徐汇中学开展了"工程素养培育暨优秀学生干部"夏令营活动，同学们通过参观东方航空公司和中国商用飞机有限公司等航空基地，近距离接触了大飞机，深入地了解了我国的"大飞机"梦。汇学学子深刻感受到国家对于大飞机项目的重视以及此项目对发展我国航空事业的重要意义，更感受到了科研人员不怕吃苦、默默奉献、敢于创新的卓越品质。学生将参观学习的成效内化于心，外化于行，决心努力加强自身科学素养，锲而不舍、脚踏实地，用自己的实际行动为实现中华民族伟大复兴的中国梦贡献自己的一臂之力。

高一职业体验活动。从2017年开始，在青年节来临之际，徐汇中学全体高一年级同学参加有趣的职业体验活动。每次的活动体验场所有十几家，均由家长志愿者提供。学校做好翔实周全的职业体验计划，学生也要完成相关的体验报告。职业体验活动在新高考背景下开展，结合真实的职业情境，为学生提供了接触社会、了解各行各业的机会，受到学生和家长的一致好评。每次活动结束后，汇学学子都表示受益匪浅。有人更加坚定前行的方向；也有人开始重新审视对未来的规划和设想；还有人说，仿佛提前遇见了未来的自己。

在社会考察的过程中，教师会指导学生构建对社会运行机制的理解和引导他们考虑社会责任和自我责任，以加强学生了解中国的社会现状，对自己的责任有更清晰的认识。

二、开展系列主题活动，将爱国主义教育融入丰富活动

徐汇中学坚持尊重、责任、体验、自主的原则，构建主体性、体验性的德育模式，在不同年级开展爱国主义教育主题活动，让学生在红色传统的自主活动中体验责任感和使命感，增强民族自信心。

（一）"为实现中国梦而奋斗"系列活动

徐汇中学围绕主题开展了系列的爱国主义教育活动。为了引导广大中学生学习理解习近平总书记对中国梦的深情阐释，畅想民族复兴中国梦的光明前景，始终牢记党的殷切希望，并将中国梦与自己的理想信念结合不断为之努力。徐汇中学举办"我的中国梦"主题征文活动，用文字抒写对祖国的情感。同时开展"青春中国梦"诗歌创作比赛，张纯然、陈奕名、沈易纯、陶哲纯等同学荣获原创诗歌一、二、三等奖。学校举办了"中华情·我爱我的祖国"为主题的演讲比赛，展示徐汇学子的青春风采，增强同学们的自信心和自豪感，增进思想交流，繁荣校园文化。学校还举办了"日行一善——手拉手圆梦集结号"爱心义卖活动。义卖活动以"手拉手你我共成长，心连心追寻少年梦"为主题，旨在培养学生们良好的道德品质，引导青少年从小事做起，用自己的双手圆美丽中国梦。为把社会主义核心价值体系融入国民教育全过程，徐汇中学围绕"雷锋精神"，结合新时期社会形势深入剖析"雷锋精神"的丰富内涵和时代意义，通过广泛开展"学雷锋，做中华美德少年"实践活动，提高广大青少年的志愿服务意识和无私奉献精神。

徐汇中学"我的中国梦"主题教育系统活动的开展，在师生中取得了良好的反响和成效，通过丰富多彩的系列活动，教育和引导广大师生深刻领会到每个人的前途命运都与国家和民族的前途命运紧密相连，中国梦的编织是由无数国民的梦想拼砌而成的。学校作为社会媒介将中国梦传达到每个学生和教师的心中，为社会构筑起美好中国梦的广泛基础。

（二）国防教育活动

"国无防不立，民无兵不安。"国防历来是关系国家安危的一件大事，是民族精神和爱国主义的集中体现。徐汇中学高一国防教育采用的是"5+5"的模式，即暑期在江秋基地军训5天，加上11月在上海市国防教育活动基地——东方绿舟进行为期5天的国防教育。暑期军训通过在烈日下站军姿、稍息、立正、敬礼、齐步走、跑步走等训练，磨炼学生坚忍的意志，培养集体主义精神。这是高中生涯宝贵又特殊的第一课，帮助高一新生更加成熟、自律、坚定和勇敢。在东方绿舟5天的国防教育中，同学们学习紧急救护知识、进行拓展训练、参观航母基地、开展逃生演练和八公里夜间拉练、参加消防安全知识培训、举行定向越野比赛等。五天的国防教育是短暂的，但是同学们已经有了蜕变，有了成长，大家经受住了考验，变得坚强勇敢，永不言败的精神深入每一位学子心中。

（三）志愿服务活动

无论是"蓝天下至爱"的募捐活动、三月学雷锋月、平时的高中生志愿服务，以及"12·5"志愿者日，还是平时学校的大型活动，我们汇学学子都会行动起来，进行志愿服务，弘扬志愿精神，传递慈善温暖。每年的1月1日，我校高一、高二年级100多名学生志愿者都会参与"蓝天下的至爱"慈善募捐活动。志愿者们用微笑打动路人，很多好心人在志愿者的宣传下，纷纷伸出援助之手，一颗颗炽热的善良之心，为寒冷的冬天注入一股股暖流。"3·5"学雷锋主题活动月期间，每个团支部行动起来，走进校园、走向社会奉献爱心。而高中生志愿服务，学校也在不断地有序推进。撰写了《徐汇中学高中生社会实践志愿服务课程》，有效提升志愿服务的质量；每年学校评选优秀志愿者，从中产生区级优秀志愿者，徐汇中学近年来已有三位同学荣获区十佳志愿者的光荣称号。

（四）宋庆龄班系列活动

徐汇中学高中1班一直和宋庆龄故居合作，被誉为"宋庆龄班"，宋庆龄班的同学经常利用课余时间参加各种活动。有的在寒暑假在宋庆龄故居做志愿讲解；有的义务制作叶脉书签，赠送给需要关爱的儿童。每学期，我校联合宋庆龄故居做各种主题的展览，如《宋庆龄在上海的足迹》图片展。同学们通过展板上这些凝固的艺术，感受时光的流转，一起追随宋庆龄在上海的点滴足迹，感受伟人的精神。又如《生而光明——宋庆龄与中国福利会》的巡展，汇学学子从中感受到了国母以为妇女儿童谋福祉为己任的善良大气。有学生说："看了国母事迹，为之感动。我明白了应当继承国母遗风，在实践中培养自己的责任意识、感恩精神、善良人格与大气风度。只有将这些光辉美好的特质发展为我们自身的核心素养,将其作为我们的行为准则,我们才会真正懂得到底为何而读书,才能在未来开创属于我们的天地,才能以我们的毕生精力为国家与民族的发展做出不朽的贡献。"

（五）老干部访谈活动

在徐汇区教育团工委、徐汇区老干部局、徐汇区关心下一代工作委员会的组织部署下,汇学学子有幸连续两年参与"革命传统伴成长"徐汇区中学生对话老干部访谈活动。在"家风家训"访谈中,老革命干部们生动讲述了早年的抗战经历,分享了自己多年来的生活感悟,使同学们更充分地了解了革命的光辉历程和无数先烈艰苦卓绝的奋斗历程,进一步坚定了听党话跟党走的理想信念,也深刻地感受到他们对祖国的付出与无比热爱,还有对我们青年学生寄予的厚望。在聆听了老干部讲述的"我和改革开放的故事"后,汇学学子为改革开放的成就倍感自豪,同时也牢记殷殷嘱咐:当代的高中生们要谨记"百善孝为先",学会"实践出真知",告诫自己"克服惰性",努力做到"积极进取"。

访谈活动充分发挥了休老干部的积极作用,弘扬正能量,有助于培养当代高中生正确人生观和价值观,使青年学子明白肩负的社会责任,不断完善自己,成为为党和国家的建设做出重要贡献的人。

三、开展各项仪式教育,将爱国荣校渗透学子血脉

学校教育仪式是体现教育目标经过精心设计的而固定下来的礼仪活动,对学生的心灵起着深刻、持久、潜移默化的感染效应。学校的仪式教育可以通过精心的安排来表达内隐的教育内容,从而培养高尚的情操,启迪学生的心智。

（一）开学典礼

《易·系辞上》云:"圣人有以见天下之动,而观其会通,以行其典礼。"开学典礼是在新学期开始隆重地举行的仪式，旨在回顾、总结上学期成绩，展望新学期的工作。徐汇中学结合学校重点工作，精心设计每一学期的开学典礼，给学生搭建展现自我的舞台。这两年的开学典礼主题有"喜迎十九大——志愿奉献汇学人，青春助力中国梦""新学期新面貌，新成长新成绩""多彩发展汇学人，奋斗开启新征程""汇聚新起点，扬帆新征程"等。多彩庄重的开学典礼让汇学人充满着期望迈入新学期，朝着"感恩，善良，责任，大气"的目标不断奋进！

（二）十八岁成人仪式

十八岁，是生命航线上的又一个新起点；十八岁，是生命旅途中的又一个里程碑。十八岁是学生成长过程中的重要时刻，他们步入了中华人民共和国国家公民的行列。徐汇中学每年都会隆重举行十八岁成人仪式，因为成人意味着要负起责任和义务，成为文化的建设者、文明的传承者和国家责任的承担者。不仅如此，天下兴亡，匹夫有责，祖国的未来就掌握在青年人的手中。仪式包含学生代表向先贤烈士敬献花篮、家长和师生代表发言、颁发《中华人民共和国宪法》、佩戴成人徽章等。全体高三学子面向鲜艳的五星红旗，以中华人民共和国公民的名义，庄严宣誓："以我不懈奋斗，同筑中国梦想；以我火红青春，共创崭新未来。"

（三）升旗仪式

升旗仪式作为中小学德育活动中的重要内容，从教育者的角度来看，它是学校一种必须的教育行为。每周一次的升旗仪式目的是要使仪式参与者逐渐产生集体自豪感，激发学生的爱国主义情感。为了让学生深刻体验升旗仪式的重要性，徐汇中学精心培养了国旗班，国旗班成员都是学生中的优秀代表，经受过严格的训练。他们从升旗仪式的每个程序中亲身感受到升旗仪式的庄严隆重。而国旗下的讲话也都有不同的主题：爱国主义教育、安全教育、纪念日教育、诚信教育、文明礼仪教育、励志教育等。每年的国庆前夕，学校都会举行"向国旗敬礼"的主题升旗仪式，举行国旗班的交接仪式，为祖国母亲庆生。学校通过国旗下的讲话这一仪式教育，将升旗仪式指向国家神圣的活动，在学生心目中建立起国家与他们之间的关系，建立起一种责任感与使命感。

（四）入团宣誓仪式

《团章》规定：新团员必须在代表着团组织的团旗下举行一次庄严而富有意义的入团宣誓仪式。这不仅仅是一种规定，更是一种仪式教育，让新团员将入团誓词牢记心中，并以此激励自己承担起一名共青团员的责任。除了新团员进行入团宣誓，徐汇中学团委也组织老团员开展以"重温入团誓词，践行青春誓言"为主题的团日活动，戴团徽、亮身份、树形象、做表率。在洪亮的宣誓声中，大家又经历了一次心灵的洗礼，坚定了作为一名团员的理想信念，激发广大团员青年的民族自豪感、责任感和使命感，在工作中真正发挥团员青年生力军的作用。

（五）毕业典礼

毕业典礼，不仅仅是一个告别校园的仪式，它已经被赋予了更高的意义，逐渐成为校园教育的一个重要环节，更是学校校风、文化氛围的浓缩。近年徐汇中学的毕业典礼形式越来越生动，寓意越来越丰富，特别是今年增加的环节：高三毕业生们通过"汇学"门走上舞台，接过高中毕业证书，并请校领导们为学子的成人帽拨穗。拿着毕业证书，再走出"达人"门，毕业生将带着老师家长们的殷切期望——"徐以成己，汇则达人"，走向新的开始。高三毕业生们通过感受仪式的神圣，表达对母校的深厚情谊，永怀感恩之心，铭记身上责任，成为社会栋梁。

（六）清明祭扫仪式

祭奠先人、感恩先辈是清明节最重要的主题。每年的清明节前夕，徐汇中学高中团委学生会的同学们，怀着一颗赤诚之心，用实际行动表达对爱国老人、我校第一位华人校长马相伯先生的缅怀与崇敬，并以此来激励自己。对于我们徐汇学子而言，马相伯老人是我校的第一位华人校长，也是中国近代教育改革的先驱，更是一位伟大的爱国者。汇学学子时刻铭记马相伯的谆谆教诲——"读书不忘救国，救国不忘读书"。清明祭扫仪式的意义就在于慎终追远、传承文化。徐汇学子缅怀马相伯校长，不仅仅是表达对马校长个人的景仰与纪念，更是希望马校长的精神得以传承，以民之富、国之强为己任。

四、加强校园环境建设，打造红色景观文化

上海市教育部和各级党组织等多年来一直关注社会主义接班人的思想教育问题，对于习近平总书记反复强调的"传承红色基因"的号召一直铭记在心，上海徐汇中学也是在不断地摸索，通过各种课程和活动来打造红色文化教育体系，让红色文化的基因根植于学生的血液中。除了开发系列课程和主题活动，各学校在校园环境建设上，也力求通过打造红色景观文化对学生进行潜移默化的教育。学校的汇学博物馆和汇学长廊宣传学校的历史，展现了徐汇中学丰厚的历史和文化底蕴。校园内、教室里到处都张贴着"社会主义核心价值观二十四字"，让汇学学子熟记于心，并内化为自己的素质。每逢重大事件纪念日，学校的宣传栏、黑板报都会展示革命烈士的英勇事迹、相关图片等。汇学校园内经常会有一些主题展板的展示，如《宋庆龄在上海的足迹》图片展、《中国航海发展史》资料展等。

校园内还有一些具有徐汇中学特色的宣传展示。校园内常常看到"汇学校长奖""汇学科技之星""美德少年"等宣传板，让学生发现并学习身边的榜样，激励自我成长。第一、二届两岸徐汇中学师生艺术联展的画作也在具有百年历史的崇思楼画廊展出，艺术展的主题为"根"，以体现两岸徐汇中学同根同源、友好交往的宗旨。校园环境的打造能让学生在日常的学习环境中感受红色文化的魅力，接受红色文化的熏陶。

结语

"让红色基因代代相传"是习近平总书记在新形势下提出的新课题和新要求。学校肩负着为中国特色社会主义事业培养合格建设者和可靠接班人的重任，就必然承担着新时代传承和弘扬红色基因的光荣使命。上海徐汇中学在习近平总书记提出的新课题和新要求的号召下，积极探索和实践传承和弘扬红色基因的路径，通过多年来的活动和课程的实施，构建了富有人文教育特色的"红色文化"教育体系。

参考文献

［1］戴谋元，卜华平. 高校国防教育中传承红色基因的路径探析［J］. 课程教育研究，2018（48）：12－13.

［2］何志旭. 传承红色基因　强化立德树人［N］. 贵州日报，2018－11－27（012）.

［3］孟凡任. 弘扬优良传统　传承红色基因［N］. 中国老年报，2018－11－14（002）.

［4］李雅兴. 传承红色基因　培养合格人才［N］. 中国社会科学报，2018－09－19（008）.

［5］本刊综合. 习近平谈红色基因传承［J］. 福建党史月刊，2018（9）：62.

传承百年"汇学"中的红色基因[*]

　　遵循党的教育方针，将红色基因融入高中生文化底色势在必行，本文通过走近校史、主题团课、社会实践三个层面，总结以"传承百年'汇学'中的红色基因"为目标，在充分挖掘"汇学"特色的基础上，将红色基因融入高中生文化底色，做好理想信念教育的经验，探究符合汇学核心育人品质的特色品牌。

　　习近平总书记在2018年9月10日的全国教育大会上发表重要讲话，从党和国家事业发展全局出发，突出强调了加强党的领导对于做好教育工作的极端重要性，习总书记提到在教育工作中有6个"下功夫"，首当其冲就是"要在坚定理想信念上下功夫""要在厚植爱国主义情怀上下功夫"，习总书记在安徽考察调研时的讲话也提到："革命传统教育要从娃娃抓起……使红色基因渗进血液，浸入心扉，引导广大青少年树立正确的世界观、人生观、价值观。"①

　　因此，遵循党的教育方针，将红色基因融入高中生文化底色势在必行。

　　红色基因的内涵包括：红色基因是信仰，目光远大，追求高远；红色基因是忠诚，爱党爱国，矢志不渝；红色基因是追求，勇于拼搏，自

---

　　* 本文作者施如怡，徐汇中学团委书记。
　　① 《习近平总书记视察安徽重要讲话精神学习辅导材料》，安徽先锋网，2016年7月。

强不息；红色基因是忘我，无私奉献，无怨无悔。这基因，让青春常驻，让生命之花绽放，让人生的每个时期都有其独特的魅力。红色基因的内涵丰富而具有层次，在高中阶段，红色基因内涵当中的"信仰""忠诚""追求""忘我"可以通过不同形式，不同程度地融入学校的日常德育工作中，同时，也必定需要与每一所学校的传统与特色相互融合，以达到更好的成效。

就当下的实际情况而言，徐汇中学是一所拥有 160 多年悠久历史的百年老校，在办学传统中有许多与红色基因相关的资源可以挖掘利用。我校目前也正在创建工程素养培育特色高中，我们的育人目标是：培育有科学精神、创新能力、中西贯通、家国情怀的现代社会的建设者。在创建特色的过程中，理想信念教育是不可或缺的关键环节。

在学校党总支的高度重视和全力支持下，我校以"传承百年'汇学'中的红色基因"为目标，在充分挖掘"汇学"特色的基础上，将红色基因融入高中生文化底色，做好理想信念教育。

一、走近校史：感受"红色基因"

徐汇中学创办于 1850 年，是一所拥有 160 多年悠久历史的百年老校，也有"西学东渐第一校"美誉，虽然它是一所由西方传教士创办的学校，但在发展的过程中，汇学所培养的人才精英荟萃，汇学校友中不乏爱国志士和革命烈士。通过宣讲、学习这些知名校友的故事，帮助汇学的高中生们初步感受"红色基因"，是我校理想信念教育的第一步。

每年高一新生的入学教育中，走近校史是不可或缺的一部分。

我校的党总支副书记姚虹老师会为高一全体新生开设主题讲座，主题是"追寻百年汇学的家国情怀"。姚校长的讲座围绕"校园中被值得永远铭记的人和事"展开。从汇学学子最为熟知的老校友、老校长、爱国老人马相伯说起，被誉为"国家之光，人类之瑞"的马相伯对汇学学子的谆谆教诲便是"读书不忘爱国，爱国不忘读书"，他一生坎坷，却始终为了救亡图存奔波呼号，虽然他不是共产党员，但他身上的"追求"和"忘我"都是红色基因深刻的内涵，值得被所有的汇学人铭记。

顺着历史长河而上，汇学校史中还能充分挖掘出许多与"红色基因"相关的故事。例如，抗战时期汇学师生坚持努力学习、齐心保护难民的故事，当时的学生钱振邦写道："我们可能读一天书，总是要读一天书的。"同学们在感受到师生们强烈的爱国情怀与求知欲的同时，也体会到在当下应当更加珍视和平，发奋学习。

曾任我校教师的"独臂神父"饶家驹先生在上海创建南市难民区，这位先生毕生追求和平，拥有悲天悯人的情怀，他的坚韧和执着深深打动了同学们；1944届校友任九皋先生说过，"回母校，如回老家"，他在成为澳洲华裔首富后，仍念念不忘母校，为我校提供大量资金以发展硬件设施；我校第一任党支部书记王仲麟动员学生抗美援朝；我校1949届校友胡聿章在朝鲜战场牺牲成为烈士，他的同学为其保管毕业证书六十余载；1950届校友魏敦山院士和1962届校友褚君浩院士在工程、科学领域为国家做出卓越贡献；1992届校友杨爱华在世界游泳锦标赛上为祖国夺得金牌；2003届校友马青骅获CTCC年度车手总冠军。

这些杰出校友虽然身处不同领域，但在他们身上，汇学学子们都能感受到"红色基因"的不同内涵。这些校友的故事深深感动并鼓舞着汇学的高一新生们，激励他们早日树立目标，为传承汇学深厚光辉的底蕴而奋发图强，砥砺前行。

二、主题团课：体悟"红色基因"

在学校党总支的引领和支持下，我校高中各团支部的专题组织生活会、学生团校都是将"红色基因"融入高中生文化底色的重要阵地，我校依托团委，开展主题鲜明、形式多样的主题团课教育，在"走近校史"的基础上拓宽"红色基因"在知识层面的范围，还尝试将社会实践考察融入其中，作为体悟"红色基因"的主要手段。

高中各团支部每月都会定期召开一次专题组织生活会，学习主题都与党和国家最新、最前沿的动态相关，如 9 月的主题为学习习总书记"7·2"讲话精神暨"青年大学习"启动仪式，10 月是围绕国庆为主题的献礼祖国母亲寄语活动，11 月为"青年大学习"网上团课学习体会分享；12 月为纪念改革开放四十周年主题学习活动。除了专题学习讨论会之外，高一年级各团支部还通过探访上海历史文化遗迹的方式开展学习。通过定期、定主题的理论学习活动，"红色基因"得以从团员青年开始，不断辐射周边。

此外，在常规的学生团校中，校团委也尝试开展形式更生动、内容更多样的"汇学团建主题论坛"，让优秀学生团员走上讲台，分享理论学习经验和社会实践收获。

来自高二、高三年级的三名优秀团员代表与同学们分享了他们在共产主义青年学校所收获到的思想理论成果和援滇志愿服务的宝贵经历。有同学在分享中勉励大家，作为青年，我们要去思考自己的初心是什么，明白自己的使命感和寄托，最终付出行动，这才是"知行合一"；也有同学结合时事热点，用层层深入的分析带领同学们领略了改革开放四十年来的激荡岁月和邓小平理论的精髓；还有同学以自己志愿服务的经历告诉大家，在志愿服务中所收获的是实现自我价值，提高社会价值，弘扬正能量，还倡议同学们将志愿服务和奉献精神根植于心，用不忘初心，奉献反馈社会，享受奋斗的青春。

来自身边同学情真意切的分享是最能打动人心的。不知不觉中，"红色基因"润物细无声地融入了同学们的文化底色中。

三、社会实践：践行"红色基因"

最后一个层面，也是最深入的层面，便是"知行合一"中的

"行"。我校通过丰富多样的社会实践活动，帮助学生在践行的过程中，对"红色基因"的内涵有更真切的认识，在情感认同中加强理论认知，推动红色基因入脑、入心。

为此，我校学生发展中心精心编写了《上海市徐汇中学高中生社会实践手册》，内容囊括高中三年所有的社会实践活动。这本手册也是学生的成长记录册，记录了学生每次社会实践的准备阶段、实践阶段和总结阶段，其中的多项活动都与"红色基因"融入高中生文化底色有着密切的关联。

2017年暑期，我校组织优秀学生干部奔赴国家级贫困县开展教育精准扶贫的综合社会实践活动。在活动中，学生走进社会、认识社会，在了解当今中国农村现状的同时，更加关注贫困地区留守儿童的情况，培养学生热爱劳动、勤俭节约、艰苦朴素的品质，提高学生的社会责任意识和人文情怀，以实际行动践行社会主义核心价值观。这项夏令营活动不仅有高起点、高视角，着眼于党和国家的"三农"政策，关注贫困地区的教育现状，进行教育精准扶贫，探究问题背后的原因，帮助学生树立远大抱负，增强报国使命感，而且能从学生主体、自我教育的角度出发，着眼于综合社会实践，充分调动学生的积极性，强调学生的自我关注、自我管理、自我提升、自我展示、自我评价，从而提升人文情怀，增强自我教育意识。该项活动着眼于贫困生活体验，培养学生吃苦耐劳、助人为乐的品质，锻炼坚强的意志，从而提升生存能力，增强心系苍生意识。整个活动的设计与组织都着眼于红色考察和活动过程，回顾历史、缅怀先烈、了解现状、发现问题，力求开展与建设新农村、教育精准扶贫相关的课题，撰写研究报告，从而提升学术探究能力，增强思辨意识。

该项社会实践活动取得了良好的成效与反响，是红色基因融入高中生文化底色的一次成功尝试。

以上三个方面是我校在红色基因融入高中生文化底色方面的初步探

索与尝试，但我们深知，这是一项需要持续、长期投入大量时间、精力与资源的德育工作，我校也将继续以传承百年"汇学"中的红色基因为抓手，不断进取，寻求增长点和突破点，在范围上更广泛，在形式上更多样，在内涵上更深入。

"感恩、善良、责任、大气"是汇学人必须具备的品质，但这些品质的培养必须将"红色基因"融入其中，所有的这些品质最终都将助力汇学学子"明日长大成才，定为祖国争荣"！

开拓创新　提升素质

——学校女职工特色工作[*]

　　工会女职工组织如何适应形势发展的需要，来加快提高女职工队伍整体素质，如何进一步增强提升女职工素质工作的实效性和针对性，提高女职工的生存发展能力，使广大女职工在学校教育事业较快发展过程中更好地发挥作用，成为学校工会女职工工作的一个重要课题。

　　上海市徐汇中学建校于 1850 年，有 169 年的悠久历史。目前学校有教职工 241 人，女教工 182 人，占总教工的 75.5%。学校女职工委员会结合学校特色和人才资源，大力提升女职工精神文化，更好地团结带领我校广大女职工"与新时代同行、为新目标奋斗、在新征程建功、做新时代女性"。

一、以加强组织建设作为女职工工作的基本点，夯实女职工工作基础

　　学校女工委员会促进和推动工会女职工组织建设的制度化和规范化，努力建设一支政治坚定、业务扎实、作风过硬、廉洁自律、热爱女职工工作、深受女职工群众信赖的干部队伍。学校女职工委员会由主任和委员 3 人组成，根据我校女职工的特点和意愿开展工作。女职工委员

---

　　* 本文作者王燕虹，徐汇中学工会主席。

会成员认真学习《工会女职工委员会工作条例》，为女职工工作的正常运转和维护女职工合法权益提供保障。

二、加强维权机制建设，更好维护女职工合法权益

女工委员会多种渠道广泛宣传女职工相关权益规定。在校园网公布与女职工相关的法律法规条文和《女职工团体互助医疗特种保障计划》，加强对《婚姻法》《女职工劳动保护规定》等宣传教育，促使女职工进一步熟悉相关法规条例，更好维护自身权益。组建了"教工之家"和"妇女之家"，为女教工提供轻松愉悦的环境。我校年轻女教工较多，妈咪小屋也在积极筹建中，希望能给年轻女教工更多更好的关怀和帮助。

三、着力打造女职工的"素质提升工程"和"建功立业工程"

认真组织实施"女职工素质提升工程"和"女职工建功立业工程"，打造一支热爱生活、敬业爱岗、积极奉献的女职工队伍。

一是以提升女职工综合素质为着力点，扎实开展培训教育活动，构筑女职工素质提升工程长效机制。

坚持"以人为本、人本管理"，扎实开展道德素质、文化素质及岗位技能素质等方面的培训学习，在实践中不断建立完善女职工素质提升工程的长效机制。因此根据学校教育的实际情况，认真地、有所侧重地开展教育培训工作。学校搭建各种平台，如班主任德育工作培训、心理健康教育工作会议、德育月主题发言、金山干巷送课、教学月主题发言等，为女教工提供展示风采的舞台。

通过这些培训，使女职工适应教育快速发展，建立终身学习的观点，提高女职工综合素质。

二是以激励机制和评先争优活动为促力点，营造女职工积极向上不断进取的良好氛围，促使广大女职工为建功立业积极做出贡献。

学校教育教学、科研氛围浓厚，搭建各种平台，为女职工建功立业创造条件。女教工积极参加各项比赛，取得丰硕成果。学校每年都举行教师节大会和汇学魅力教师颁奖会，这些活动展示了我校优秀教师的风采。在颁奖会上，获奖的女教工简短的获奖感言表达了她们的心声，她们在各自的岗位上无私奉献，默默耕耘，获得了师生的好评。还有的女教工在科研工作中取得了骄人的成绩。

四、丰富内涵、积极探索，大力开展丰富多彩的职工文化体育活动。

多姿多彩的活动为广大女职工搭建了展示形象和才华的舞台，极大地活跃了女职工的业余文化生活，有效增强了女工组织的凝聚力和向心力。学校传统的六一亲子活动已经延续了十多年，在学校党政领导的大力支持下，工会、女职工委员会准备了丰富的礼物和玩具，每年的这一天，重德楼110都特别热闹。很多教工子女从牙牙学语的儿童时代开始就多次参加了活动，给教工和她们的子女都留下了深刻印象。"三八妇女节"的旗袍讲座、插画活动和咖啡知识讲座，吸引了广大的女教工，在繁忙工作之余参加的这些活动给她们带去了欢乐，陶冶了她们的情操，也增强了同事之间的友情。

五、对今后女职工工作的进一步思考

（一）认识女职工素质教育的意义

广大女教职工是学校教育发展的重要力量，学校工会要坚持把提高女教职工队伍整体素质作为长期的战略性任务，落实"以人为本"的科学发展观，从女教职工特有的双重性出发，积极探索提高女教职工素质的新思路，促进女教职工的全面发展，增强学校对女教职工的凝聚力和女教职工对学校的向心力，让女教职工最大限度地将精力投入到工作中，从而推动学校事业整体发展。

女职工素质的提升不仅是工会女职工工作贯彻科学发展观的具体实践，也是保持和发展工人阶级先进性、实施科教兴国战略和人才强国战略、促进女职工队伍高素质化的重要举措。

提高女职工素质是增强教育核心竞争力的需要。随着社会的进步、教育的发展、改革的深入，对职业女性的素质要求越来越高，过去计划体制那种靠"性别"关照、靠"比例"恩赐的时代已一去不复返了，市场经济的激烈竞争，使知识作为一种生产要素进入了生产过程，社会开始了由工业化社会向知识社会转型。优胜劣汰，适者生存的挑战时代展现在女职工面前。女职工要适应时代要求，展示自身价值，必须唤起自我意识的觉醒，提高素质，增强实力，参与竞争。伴随着社会和教育的发展，竞争越来越激烈，而在激烈的市场竞争中，人的作用是至关重要的。因此，应根据学校教育的实际情况，认真地、有所侧重地开展教育培训工作，使女职工掌握一定的文化知识、科技知识、具有一定的业务理论水平，成为一名具备良好思想道德素质、科学文化素质、职业技能素质、身体和心理素质，能够适应教育快速发展，建立终身学习观的合格教师。加强女职工教育培训，提高女职工综合素质，成为学校的一项重要工作。

（二）女职工应具备的素质

"推动教育事业又好又快发展，培养高素质人才，教师是关键。没有高水平的教师队伍，就没有高质量的教育"，这是现代教育对教师的要求。因此，对学校女职工应具备的素质，也应有具体的要求。一是思想道德素质，即女职工的思想品德、职业道德和社会公德。要坚定地拥护党的政策和方针，关心学校的生存和发展，前途和命运，遵守学校的各项规章制度，把自己的命运和学校的命运紧紧联系在一起。用心做事，激情工作，创造性地开展各项工作。二是文化知识素质，即女职工的文化知识修养。要通过各种途径，采取各种形式，不断地学习，丰富自己的知识，扩大自己的知识面，使自己具备分析问题、解决问题的素质。三是教育教学能力素质。作为一名女教职工，应当熟练掌握本专业及本岗位的教育教学技能，能够在工作上独当一面，立足岗位，勤思考，善钻研，创新开展工作，使自己的工作不断进步。四是身体心理素质。这是指女职工的身体健康情况和心理状况，即要怀着一颗感恩的心，去对待学生，对待同事，常怀一颗平常心，胜不骄败不馁，开心地生活，快乐地工作。

（三）履行职能、依法维护女职工的合法权益

维护女职工的合法权益既能维护学校的整体利益，又能维护女职工的合法权益，需要女职工组织在实现两个维护的统一中找到一个最佳结合点和工作平台。一是抓好源头维护。按照有关法律法规积极反映女职工的意愿，为女职工说实话，办实事；二是女职工组织要把维护女职工的合法权益贯穿到女职工工作的各个方面、各个领域，贯穿到推动教育改革和发展的全过程，在发展中维护、在改革中维护、在参与中维护，在帮扶中维护；三是女职工组织要通过维护，使女职工感受到学校的关怀与温暖，不断增强女职工组织的吸引力和凝聚力，从而调动广大女职工的积极性和创造性。

几年来，学校女职工工作取得一定成绩，得到广大女教工的充分肯定。我们将继续以依法维护女职工合法权益和特殊利益为首要职责，不断提升女教工素质，团结带领全体女教工，与时俱进、开拓创新，为学校的教育教学工作做出更大的贡献。

徐汇中学行政会问题提议单

部门：学生发展中心　　　　提议人：曹令先　　　时间：2019 年 3 月 29 日

问题名称	德育月的反思与完善
问题现象描述	针对德育月的筹备、实施进行反思： 1. 德育月筹划仓促 2. 德育骨干展板申购流程不规范 3. 德育月活动不够多元
问题追因分析	1. 举办德育月活动的主体意识不强，欠缺主动筹谋意识 2. 细节把握不到位
责任人认定	学生发展中心
问题改进措施和方法	针对德育月活动，从策划、组织到实施，学生发展中心需要有更充分的准备时间和制定更详细、更多元的活动方案： 1. 提升部门主体意识，形成"一年准备、一月展示"理念。早谋划、早行动，如每年 3 月确定为德育月，寒假前就要完成活动方案的制定 2. 明确德育月展示目标，强调核心素养导向，突出德育月展示活动中的育人本质，提升全员育德能力 3. 了解规范的申购流程，不能有思维定式，遇事、遇问题要多请示，不能先斩后奏
问题解决反馈	召开部门会议，了解规范申购流程，对德育月的各项活动进行总结和反思，提升部门主体意识，形成"一年准备、一月展示"理念

徐汇中学行政会问题提议单

部门：工会　　　　　　提议人：王燕虹等工会委员 时间：2019 年 5 月 10 日

问题名称	开展教工社团活动的思考
问题呈现描述	我校教职工人数较多，但是在校期间教工活动较少。学校的文体活动场地、特色教师的资源比较充分
问题追因分析	工会没有很好地利用学校的资源。以前也组织过教工社团，不了了之。老师们因为工作忙，参与的积极性和兴趣都不高
问题处理 责任职能部门	工会、相关组室、人事
解决问题建议	1. 与教师培训整合在一起，通过有组织的活动可以获得学分 2. 开设适宜老师活动的项目，每月一次 3. 利用学校丰富的教师资源和现有的条件资源，需要的话请外校老师来培训 4. 社团负责教师的选用，经费的保障、活动器材等，需要学校各部门大力支持
问题解决反馈	已经初步和人事部门、部分学科教师探讨过教师社团的开设问题，在开设社团的内容、师资、场地等进行了讨论，有了初步设想。同时也向其他学校吸取好的经验，希望组建有汇学特色的教工社团

三、课程管理

汇学校史课程的设计与实践[*]

在学校教育中，与校史相关的校园文化是相当丰富的，主要包括学校发展历程中自然留存的建筑、物品、档案等有形（显性）文化以及校训、校歌、校风、学风、教风等无形（隐形）文化。深入挖掘和传承学校的优良文化传统，不仅是培育学生精神气质和良好品格的优质载体，也是加强社会主义核心价值观教育的重要载体和手段。

2009年11月30日在全国未成年人思想道德建设经验交流会上，陈小娅副部长指出："学校在充分挖掘学校历史传统资源的基础上，大力营造具有时代特征和学校特色的良好风气，促进学校形成良好的校风、教风、学风。校园文化具有强大的育人功能。各级教育行政部门和中小学都大力加强校园文化建设，积极营造独特的校园育人环境。充分利用板报、橱窗、走廊、校史陈列馆、少先队室等可利用的空间，营造良好的育人环境，使校园内的一草一木、一砖一石、一角一景都体现德育的引导和熏陶。"

2010年《上海市中长期教育改革和发展规划纲要》指出要创新德育实施的有效途径和方法。坚持贴近实际、贴近生活、贴近学生，注重知行统一，强化全员育人，实施教育教学全过程育德。发挥课堂教学主渠道作用，引导学生在学习中培养正确的情感、态度和价值观。突出实

---

　　* 本文作者刘晓艳，徐汇中学党总支书记，高级教师。

践体验，促进教育基地建设，引导学生积极参与实践活动，促进德育内化。拓展道德教育空间，繁荣发展校园文化。

近年来，我校的文化建设取得突出进步。邀请史学家编撰了校史书，修葺了上海市历史文物保护建筑——崇思楼，修建了集中展现学校发展历程的汇学博物馆和汇学长廊，校园内的一草一木、一砖一石、一角一景都精心规划，环境优美，文化氛围浓郁，犹如一个馆藏丰厚的大博物馆，同时也作为徐家汇源 4A 级城市人文景观的一部分向公众开放，获得高度赞誉。

综上所述，以学校丰富的历史及其蕴含的精神文化对全体师生进行知校、爱校、荣校的熏陶和浸润，激励师生自我教育、自我实践、自我反思，把全校师生的智慧和力量凝聚到学校的发展建设中，具有不可替代的教育意义。

一、研究的意义

徐汇中学有 160 多年的历史，在其积淀的浓厚文化氛围之中包含的价值观、道德观、荣辱观、思维方式、行为习惯等丰厚的育人资源可以融入课堂，融入校园的日常活动，凸显一点一滴的育人过程，让学生真切感受学校发展的文化基因，置身于大历史、大文化的氛围中，使师生在思想观念、价值取向、行为方式等方面对学校传统产生认同，从而实现对自我精神、心灵的塑造，这也是学校在发展中持续关注和思考的命题。近年学校开展了"弘扬'汇学'教育思想的实践研究"和"运用汇学教育思想立德树人的实践研究"等课题的研究，取得一定成果，为此课题研究奠定了基础。

徐汇中学德育工作以"校史文化"为依托，结合爱国荣校教育，设计系列活动，让每一个徐汇学子真正地认识和把握汇学的传统，着重三个维度：接触校史——参观汇学长廊、汇学博物馆、入学主题报告等；研究校史——分专题研究校史、开设校史拓展课、开展徐家汇人文历史小课题研究等；浸润校史——举行书画摄影展、徐家汇景区志愿服务、校友面对面等方面。

反思徐汇中学开展的校史育人的实践，在主体化、系统化和特色化等方面仍然大有可为，尤其是在"汇学"教育思想统领下的德育内涵的发掘，以及初高中各学段校史育人目标的分层与课程的统整等。

二、国内外研究现状

国外关于校史育人的研究信息很少，通常以一些常规栏目介绍学校的基本情况和历史概貌，还设有丰富多彩的专题，介绍学校的各种特色活动和学校在重大社会变化中的历史功绩。这些资料经过学校网站等以不拘一格的方式发布，重视校史信息传播的互动性和趣味性，传达了以学生为本位的展示理念，值得借鉴。

国内关于校史育人的研究以高校居多，对中学的研究偏少，也有部分研究涉及校史育人课程。如方军《校史校本课程开发的实践与思考》中提到校史是一所学校重要的校本课程资源，在课程目标上凸显校史独到的教育功能。顾兴良《试论校史资源的德育价值及实现途径》认为校史资源的德育优势在于符合认知规律、符合教育规律、符合学生心理、符合时代要求，要从系统化、课程化、基地化和景观化着手推进校史教育。贾宪章《还原校史的"课程身份"》提到必须不断丰富计划方式，唤醒"校史教材"的熏陶意识，不断创新活动方式，拓宽"校史实践"的渗透范围，不断优化整合手段，提升"校史课堂"的感染效果，让师生体验和领略校史课程的品质和价值。孙瑞民、杨冰《提炼校本精神 续注校史文化——中小学校校史文化建设例谈》从校史文化的发掘和提炼、续注和提升，谈如何利用校史文化的功能育人。

综上所述，国内外关于校史育人的研究多注重在校史文化育人的价值和意义以及编写和整理校史以多样的形式宣传和教育，比较少关注将校史育人纳入学校德育课程体系以及在具体实施中的过程研究。

三、研究目标

本课题旨在通过对"汇学"的德育内涵开展研究、分析和定义，探讨构建徐汇中学"汇学"德育课程整体框架，并思考如何通过分层目标的实施以提升其有效性。

具体包括：深入研究"汇学"教育思想和"汇学"历史，发掘其德育内涵，确定校史育人课程目标并形成文字阐述；依据学生特点，划分"汇学"校史育人课程各学段主题并构建实施内容，初步形成"汇学"校史育人课程的整体架构；根据分学段主题和内容探索校史育人的有效实施方式和策略，形成可操作、可持续的行动方案。

四、研究内容

（一）"汇学"校史育人的内涵与目标研究

对"汇学"校史和"汇学"教育思想开展研究、梳理、研讨，发掘和整理其中蕴含的德育资源和内涵，结合学校德育现状和中华传统文化教育的要求，初步形成校史育人课程目标的文字阐述。

（二）"汇学"校史育人课程整体框架的设计研究

根据不同年龄段学生的思想特点与成长规律，根据校史育人课程的目标，设计不同学段校史育人课程的主题和实践活动，并尝试整合行规教育、团队活动、课外实践等内容，初步构建校史育人课程的框架。

（三）"汇学"校史育人课程主题活动的实践研究

从起始年级或团队活动入手，选择2—3项主题活动，根据活动的目标、内容，探索校史育人的实施方式，通过对活动时间、空间、程序、评价等环节的精心设计，形成切实可行、可操作的行动方案。

（四）"汇学"校史育人的拓展型与研究型学习项目开发

继续完善校史拓展课教学环节，设计、开发融合校史、校园文化的高中学生研究型学习项目，完成校史拓展课教材的初稿和《汇学名人拾趣》校史读本的编写。

五、研究的方法

（一）文献研究

对国内外已有的同类或相关研究成果进行系统检索，对"汇学"校史等文献资料进行梳理和汇总。

（二）行动研究法

在学校活动中开展研究，通过不断的实践与反思形成校史育人课程的有效实施方式和策略。

（三）个案研究法

通过对优秀案例的分析、总结，提炼在校史育人课程设计实施过程中的经验。

六、课题研究的步骤

（一）准备阶段（2014 年 6 月—9 月）

确立课题组成员和分项目负责人，搜集与课题有关的文献和资料，分析学校德育课程现状，并制定课题的实施方案。

课题组梳理本校校史融于德育的经验积累，并向学校申请研究经费的支持以使课题有计划、有步骤地进行。

实践研究项目组即学校德育管理团队，对学校德育管理中凸显校园文化特色拥有创意和热情，确立讨论课题研究实施过程中分年级重点关注和首批突破的学生实践活动案例。

拓展和研究型学习项目组对于设计校史拓展活动和指导学生有一定的经验，对现有的校史拓展课资料进行整理，并进一步思考课程向纵深发展的可能性和方向。

历史教研组编写校史读本《汇学名人拾趣》作为此课题的分项目之一，在原有 14 位人物编写基础上进一步推进。

（二）实施阶段（2014 年 10 月—2015 年 9 月）

根据课题计划进行研究。

1. 课题组召开第一次研讨会，对汇学德育资源进行梳理和挖掘，聚焦学校办学传统传承的内涵，结合中华传统文化教育的时代要求，探讨两者的结合点，初步形成校史育人课程目标的方向。

2. 新学年入学教育凸显"汇学"育人主题，从校史讲述、汇学博物馆参观、汇学长廊讲解等入手，使预初和高一新生了解校史、接触校史，感受汇学深厚的文化底蕴，激发探究兴趣。在新生中招募汇学长廊志愿讲解员，以专题的形式进行培训，使部分学生进一步深入了解和研究校史，浸润校史，提升责任感，感受汇学传统中爱国荣校的使命感。

3. 课题组召开第二次研讨会，对分学段的汇学德育主题进行头脑风暴式的讨论，达成一定程度上的共识，并分年级开展实践研究：

预初、高一年级（起始年级）：主题为"汇学"，意为"关注积累，学会融合"，原则为初识激趣。涉及课程内容有：走进校史，了解校史，利用入学教育契机，组织学生参观校史博物馆和校史长廊，通过观看校史影像，使刚进入徐汇中学的学子对学校 160 多年的光荣历史有感性认识。

初一、初二年级，高一、高二年级：主题为"慧学"，意为"智慧地学、学出智慧"，原则为浸润探究。涉及课程内容为校史博物馆、长廊的讲解员培训，选拔优秀讲解员为新入学的学生及学校来宾、家长参观校史博物馆和长廊时做讲解，开设校史拓展课，进一步研究校史文化。初二以举办十四岁生日仪式为平台，在活动中学生行束脩礼，学会感恩教育。开展丰富多彩发展的校园文化，如"汇学"小博士及"汇学"辩论赛，高一南京"铭记历史，圆梦中华"主题考察，高二绍兴"走进鲁迅，人文之旅"主题考察等。

初三、高三年级：主题为"会学"，意为"学会学习，领会要义"，原则为拓展传承。涉及课程内容有：树理想，明责任，以毕业典礼为载体，对学生进行理想教育和责任教育，让学生认识到初三、高三毕业不是终点，而是人生重要的起航，必须树立一个明确目标并为之努力奋斗，懂得责任担当。

4. 课题组和团委、高中年级组联合组织"汇学辩论赛"，以循环赛的形式，选择与学生校园生活息息相关的话题，通过前期筹划，进程指导和决赛表彰等培养学生善于思考、勇于思辨、乐于挑战的品质，展现高中学生良好的文化素养和积极向上的精神风貌。学生的反馈是辩论赛为同学们提供了一个张扬个性施展才华的舞台，同时在辩论赛中学生能够陶冶情操、开阔眼界、培养团队精神、增强集体荣誉感。

5. 课题组和大队部联手组织"汇学小博士"活动，旨在为一些学有专长、乐于分享的同学搭建平台，请他们向全校师生展示自身的专长和研究成果。活动先由同学自主报名参加"海选"，通过第一轮材料审核，共有18位同学参与现场讲座环节，通过一周的展示，最后8位同学脱颖而出成为第一届汇学小博士。在颁奖礼上有两位同学展示了"探索台风的奥秘"和"轨道交通的运营保障——ATC列车自动控制系统"两个演讲，为大家奉上"知识大餐"。

6. 课题组和初二年级组一起策划"十四岁生日"活动，和初三年级组一起策划"毕业典礼"，坚持学生主体，教师协助指导，贯彻感恩、责任意识，传承"汇学"精神的主线，使仪式活动成为凸显校史德育的重要阵地。

7. 课题组与历史组开展公开教研活动。把汇学校史资源融入日常教学里，凸显于育人过程中，是我校历史教研组持续关注并不断探索的一项内容。六位老师进行主题发言，分别从"校史场馆资源利用"和"汇学在日常教学中的渗透"两大主题入手，对两年来历史组在汇学校史资源开发利用方面取得的成果进行阶段性总结与汇报。如以"让'汇学博物馆'伴随学生成长"为题，从"走一走、读一读、看一看"三个层次介绍了校史资源在拓展课课程设计方面的运用，从"汇学历史，爱国荣校"的角度谈了汇学长廊资源在教学中的运用；以串联起徐家汇源的一条"文物小径"为线索，将周边的历史文化资源与日常教学中关于西学东渐的小细节充分融合；从马相伯、翁文灏、饶家驹三个历史人物，从细节入手，彰显汇学人物在抗战教学中的魅力，培养学生的爱国情怀；从一张毕业证书说起，诠释了汇学校友胡聿章在抗美援朝战场上英勇牺牲的动人事迹，以及同班同学江洁臣老人为他保存毕业证书的深厚友情，展现"汇学"学子"爱国、诚信、友善"的优良品质。

（三）总结阶段（2015年10月—12月）

进入全面总结阶段，课题组成员按照分工及时整理各种过程性资料，进行梳理和汇总，撰写实践案例和课题研究报告，进行结题鉴定。

七、课题研究的成效

通过一年半的课题研究，课题组成员倾力协作，不断反思，本课题在不断探索和研究的实践中得到了验证，也取得了一定的成效。

第一，对"汇学教育思想"的内涵进行解读，将"汇学"定为校训并形成文字阐述。

"汇学"是徐汇中学的简称，历史上学校曾经有一个刊物叫《汇学》，学校的图书馆叫"汇学书库"，早年学校所刊用的校本教材叫"汇学课本"。

"汇学"教育思想的内涵可以解读为：

（1）关注学生的全面发展。从办学之初的"三育（体智德）并举"到"多彩发展"，虽然表述方式与内容不同，但都体现了以学生的全面发展为出发点与立足点。

（2）志存高远，爱国荣校，使命意识强烈。百年来，学校涌现"爱国老人"马相伯等一批杰出校友、优秀学子。在民族危难时刻，徐汇学子挺身而出，救助同胞，抵御外敌，以实际行动承担对国家、对民族的责任。

（3）崇尚科学，文理兼重，中西贯通。早期的"徐汇公学"要求新生专读国文，包括读古文、练字、作文等。同时，学校也教授西学，让程度较优的学生兼读法文、唱歌、音乐、图画等。1905年中国科举制度废除后，学校便迅速引入"泰西科学"，在课程设置上做相应调整，此后，学校在科学、人文、艺术等方面均衡发展。

（4）建立起系统、连贯的培养体系。百多年来，汇学在学制、体制上虽屡经变化，但始终强调系统、连贯的教学体系。

校训"汇学"释义：

十分强调"中西、古今之学融会贯通"。"汇学"的"汇"字既有"融会贯通"之意，又有"慢慢地积累"的意思；又谐音"慧"，旨在智慧地学，学出智慧；还谐音"会"，学习的目的在于学会学习。内涵之丰富，全在于揭示学习之要义。

第二，初步形成符合我校实际"汇学"德育课程框架，完成校史拓展课程初稿和部分实践活动案例的撰写。

第三，学生对"汇学"文化和精神不断认同。

以丰富的"校史故事"为载体且形式多样的"汇学"德育课程提供的知识具有情境性和人际性，引起了学生的极大兴趣，曾经鲜活地发生在校园中的故事直接与孩子进行心灵对话，感染和滋养他们的心灵，帮助他们在现实中学会思考，明辨是非，懂得感恩，感知责任。经过学习实践的浸润，学生积累了对校园文化的情感认同，激发了对学校的热爱。课程中的多彩活动为学生提供了空间和时间，学生在体验中扩大了对汇学精神、高尚品行的认知和向往，对于开启学生心智、塑造性格，陶冶情操起到了积极的作用。

有学生谈道："我上了校史课，发现校史课与普通的历史课有些不同，能让我有真实切身的感触，让我感受到自己身为一名徐汇人的使命与荣誉，感受到徐汇中学的独特魅力。"有学生则对马相伯先生特别敬仰："这位百岁老人始终坚持教育救国，他热爱国家、热爱学习、不屈不挠、坚韧不拔的精神，确实值得我们永远学习。"有的同学从校史课程中学到了感恩："我想汇学之所以优秀，学子之所以是精英，学校之所以有如此的发展，都离不开我们那辛勤工作的老师，正是他们的循循善诱和谆谆教导，我们才有今天的成绩。"

第四，教师的育人观念与课程意识、能力得到增强。

在此课题的研究过程中，课题组成员和参与主题实践活动的相关老师对于校史育人，对于"汇学"育人课程的认识和观念都得到改变和提升。每个学校都有属于自己的发展历史，这就注定了校史资源的独有性和教育效果的独特性。每所学校都可以充分发掘各自的传统、特色和优势，弘扬学校精神文化中的个性，使其成为学校师生独有的标识、气质和品格。在此过程中，"育人"是校史运用的主流，也是校史的目的，可以从各个角度彰显启迪人、教育人和培养人的主流意义和作用，而从这一点出发，各个学校校史育人又都有共通性。

例如，在思想道德观念的形成过程中，人的感情总是从爱家庭、爱学校、爱故乡，逐渐过渡到热爱祖国。校史育人可以更好地贴近实际、贴近生活，使师生感觉可亲、可感、可学，增强德育的吸引力、针对性和实效性。又如学校精神和文化是由一代代师生共同奋斗凝聚而成，在时代变迁中勇于承担社会责任，与国家民族同命运也是大多数学校的优良传统和理想信念。从前辈留下的精神遗产中去追寻新的启迪，从而使师生都迸发出强烈的向心力、归属感，在修炼、完善自身的同时也自觉地为学校的发展壮大贡献力量。

课程的开发和实践是一个有组织、有计划的行动研究过程，是一个开发和研究结合的过程。完整经历此过程本身就是一次不断提高的过程。在这个过程中，教师的科研能力得到进一步提升，课程意识增强，催生创新思维和合作意识，构筑了师生共同发展的平台。经过一年半的实践，教师进一步意识到以道德伦理规范的灌输提高学生的道德知识水平是很难得到学生的认同的，甚至是徒劳和无效的。让校园历史和文化精髓逐渐渗透、转化为学生行为的内在动力，有事半功倍的效果。教师的观念也从最初的课程的"执行者"向课程的"决策者"过渡，学会从"以生为本"出发，仔细斟酌活动课程开展的每一个细节，力求达到高效，在交流合作中，教师不断成长。

八、课题的反思与展望

通过本课题的实践研究，我们虽然取得了一定的成绩，但是仍有一些问题有待于进一步改进与深入研究。

（一）如何引导家长共同参与德育校本课程的开发与实施

校本课程的开发与实施是一个多方合作的过程，需要多种资源、多方力量形成合力，尤其是在德育课程的设计过程中，学校要想方设法促成师生与社会、家庭在认知、情感和行动上的互动，争取家长的参与和认同，对于德育校本课程的实施过程和实施效果会有积极的影响。

（二）"汇学"育人课程的评价机制还未成熟

课程评价作为校本课程开发的一个重要环节，不能忽视。下一步要探索灵活有效的校本课程评价机制，以更积极的态度投身于德育校本课程的研究中，促进师生文化认同、品行情操的提升。

（三）对"汇学"校史资源的进一步开发和运用

"汇学"校史资源极为丰富，将学校德育和学校文化融为一体，既挖掘了学校文化积淀，又是以德育人的新探索，"汇学"校史育人课程仅仅是一个开始。如今的学生十分缺乏一种对"根"的教育，从爱家、爱校到爱国，这是符合学生在情感、态度、价值观上认知规律的模式，要将这样一种情感融入日常教育教学中，抓住学生身边的历史资源是至关重要的。更多的"汇学"校史资源有待挖掘，更多的承载"汇学"校史资源的活动、课程有待开发。

基于特色课程的科技创新
实验室建设实践与思考[*]

　　建设科技创新实验室是落实《上海市中长期教育改革和发展规划纲要（2010—2020）》、丰富学校课程资源、培养学生实践能力和创新精神的重要抓手。本文通过回顾徐汇中学的创新实验室创建历程，梳理了基于学校特色课程的创新实验室建设策略并提出思考。

一、汇学创新实验室建设理念

　　创新教育已经成为时代主题，工程教育作为创新教育的一个重要组成部分，培养学生具有扎实的科学知识基础、突出的操作设计能力、积极的技术应用意识、卓越的人文审美旨趣以及深厚的造福社会的情怀，是未来工程师的启蒙教育。169 年来，徐汇中学秉承"崇尚科学、多彩发展"的办学理念，把工程素养培育作为学校育人目标的重要组成部分。学校的多彩发展教育理念强调课程创生，尤其是特色科技课程的创生，主要是以工程特色课程，尤其是工程类实验室课程来作为学生培养的抓手。

　　在落实《上海市中长期教育改革和发展规划纲要（2010—2020）》

---

　　* 本文作者吉姿，徐汇中学副校长，高级教师。

关于"加强研究性学习和实验实践环节，提高学生科学思维能力，培养激发学生的创新意识和实践能力"的总要求下，学校创建以工程类实验室为主体的多领域跨学科创新实验室，推进学校的特色教育。

学生通过创新课程的学习，了解生物工程、交通工程等工程科学领域的前沿知识，体验科学研究的过程，掌握学习科学研究的基本思想方法。创新课程以实验室建设为载体，实验室建设以创新课程为核心。徐汇中学创新实验室建设彰显了学校特色办学，丰富了学校的课程资源，提升了拓展课、研究型课程的质量，给学生搭建了个性化学习平台。

二、基于汇学特色课程的创新实验室建设历程和发展概况

（一）生命科学创新中心的建立开启了汇学创新实验室建设征程

2008 年 9 月，由校友捐资，上海交通大学生命科学学院专家支持的"生命科学创新实验中心"正式建成使用。该中心由微生物工程、环境工程、基因工程、生物安全和生物信息五个实验室构成，为学生普及生物技术、提供科学实验以及创新课题研究提供了开放式的学习平台。五个实验室建设基于五门生物创新课程（见表1），课程分普及、提高、创新三个层次实施。普及课程针对全体学生，以科普、体验、实践为主，普及课程对学生的评价重在参与过程。提高类以兴趣选修的形式，面向学有余力的学生，提高学生科技创新能力。创新层次是依托高校，由高校教师和本校教师一起，共同指导学生课题研究。

表1 生命科学创新中心各实验室开设的课程

实验室名称	课程名称
微生物工程实验室	结冷胶菌株的实验室培养及发酵
环境工程实验室	环境工程实验课程
基因工程实验室	认识基因，走近基因工程
生物安全实验室	生物安全与食品安全的快速检测
生物信息实验室	走进生物信息学

生命科学创新中心成立 10 年来，惠及所有的初高中学生。2016 年 3 月，该中心 3 位教师再次与上海交通大学导师对接增加 3 个实验项目：尼古丁的生物降解、转基因作物的试纸条快速检测和计算机辅助药物设计。2018 年上半年，该中心与中科院上海巴斯德研究所共建，新增了三个实验项目：微生物绘画、罕见病基因治疗模拟实验、循创环肿瘤细胞检测模拟实验。

（二）工程科学创新中心的建立带动工程类创新课程建设

2015 年 6 月，徐汇中学启动工程科学创新中心建设。工程科学创新实验室以交通工程为核心，建有高铁运输仿真实验室、高铁模拟驾驶实验室、787 模拟飞行创新实验室、火星救援实验室、水下机器人实验室。还建设了其他类工程实验室，如 3D 打印实验室、数字音影实验室、无人机航拍实验室、天文实验室、太阳能发电实验室。实验室建设带动创新课程群建设，实验室使用的同时，校本课程同步建设，目前每个实验室都开设了相应的课程。表 2 列出了部分实验室开设的课程。

表 2 　工程科学创新中心部分实验室开设的课程

实验室名称	课程名称
5G + MR 科创教育实验室	5G + MR 科技创新
3D 打印实验室	3D 打印的技术与创意
高铁运输组织仿真实验室	轨道交通的调度与管理
高速列车模拟驾驶实验室	高铁模拟驾驶
波音 787 飞机模拟驾驶实验室	波音 787 飞机模拟驾驶
无人机航拍实验室	无人机航拍
水下机器人实验室	水下机器人
火星车实验室	火星车"火星"救援
汇学天文台	宇宙探秘
太阳能实验室	太阳能发电设计与制作
影像创新实验室	影像制作
人工智能实验室	人工智能 + 科技创新

每门课程都建立了各自的评价方式。实验室创新课程评价的重点放在过程评价，强调学生的观察能力、动手能力，注重操作的规范性、完整性。学习水平兼顾普及、提高与创新三个梯度。

（三）通过传统实验室升级完善创新类课程体系

徐汇中学创新实验室创建的另一个路径是：因地制宜，根据自身条件在原有的实验室基础上，通过设备升级、培训实验员等不断完善创新课程体系。

例如，通过在原有传统化学实验室添置仪器设备、试剂，培训实验员的方式，应对"新科学、新技术"课程如"多彩的功能膜""简易空气净化器制作及性能评价"的开设。"地理信息技术在城市管理中的应用""大数据的奥秘"这两门"新科学、新技术"课程通过在传统计算机房添加 ArcGIS 软件和 ENVI 等软件资源得以实施。

徐汇中学自 2008 年开启创新实验室创建，历时十多年，目前已经建成两大实验中心，近 20 个创新实验室，形成生命科学、交通工程科学为主的 34 门校本课程。

三、创新实验室建设的策略与思考

（一）创新实验室建设首要原则是基于课程

建设创新实验室固然需要更新、添置设备，创设空间环境，但是课程才是实验室的灵魂。创新实验室的诞生是从课程入手，以课程为基线，与课程相伴而生的，应该对应课程建设学习环境，保证课程的实施。课程内容注重跨学科领域整合，面向全体学生，根据学生的不同需求，多层次、模块化，充分满足学生个性化学习需求。

（二）以学生学习为中心重构学习环境，旨在培养学生核心素养

2014 年教育部出台的《关于全面深化课程改革，落实立德树人根本任务的意见》明确提出要"研究提出各个学段学生发展核心素养体系，明确学生应该具备的适应终身发展和社会发展所需要的必备品格和

关键能力"。中国学生核心素养以培养"全面发展的人"为核心，是课程改革推进和深化的主要方向。创新实验室是以学生学习为中心，融合学习内容、学习特征和设施设备于一体的新型学习环境，是促进学生核心素养发展的重要载体，其目的是充分满足学生探究、体验、个性化学习和发展需求，培养激发学生的创新意识和实践能力。创新课程从普及到提高到创新分层次实施旨在满足不同层次的学生需求，创新实验室课程的课题研究主要是通过学生利用已有的知识与经验去探索一个完全未知的现象和寻求一个实际问题的解决方案，首先强调的是学生的思考能力，即学生是否有问题意识、科研思维，其次是动手能力，最后是学生的研究分析能力。

（三）因地制宜，从学校实际出发建设创新实验室，带动学校科技教育

在传统实验室基础上，通过增添仪器设备、培训实验员以适应创新课程的开设是实验室发展的有效路径之一。从传统的教室、传统的实验室走出来，学校通过跨学科融合建设新型的、彰显学校特色的创新实验室，支持学生的个性化学习。实验室内容跨学科涉及生命科学、化学、物理、工程技术、计算机科学等众多学科和领域。区别于传统实验室，创新实验室倡导的是学习的开放性和过程的探究性。传统实验室升级与新建创新实验室两手抓，以实验室建设为载体，为科技教育提供平台，开展形式多样的科普活动、科技竞赛以及课题研究，是推动学校的科技教育的有效方法。徐汇中学获得诸多科技殊荣，仅2018学年就获得246项国际、市、区不同级别的科技奖项。作为一所市级科技教育特色学校，现正在创建工程素养培育特色高中。

（四）以创新实验室及创新课程建设促进师资队伍建设

创新实验室课程任课教师不但要具有跨学科的专业知识与技能以及动手实践能力，还要具备较强的创新意识以及课程开发能力。

教师队伍的建设是特色办学可持续发展的关键要素。组建和培养高

素质的创新实验室课程教师队伍重在内部挖潜,实现教师自我更新和跨界发展。建立教师和实验员培训机制,给教师专业成长提供广阔的发展空间是创新实验室可持续发展的重要保障。学校组建了拥有三十多人的跨学科的科技创新备课组,教师多项科技课题立项,其中有教育部课题"中学与大学共建对接课程群的建设研究"、市级课题"创建中学工程技术特色多样化发展学习模式的实践研究"以及多项区级课题。在实验室的创建以及科技特色课程的创建过程中,教师的科研能力不断提升,学校培养出了一支高水平的科技教师队伍。

四、结束语

创新实验室是以营造创新教育实践环境、提升学生创新精神与实践能力为目标的实验室,是通过做中学、学中做开展自主学习和实践、自主探究与创新活动的实验基地。

徐汇中学创新实验室建设以课程为核心,聚焦学生创新素养培养,探索多元评价方式,以此促进学生创新素养的培养和思维品质的提升并推动教师队伍建设以及学校特色发展。徐汇中学的创新实验室如同创新人才的孵化器,学生的科技梦想以及教师的科研梦想在这里得到孵化;学校的创新实验室也是校本课程的孵化器,特色校本课程随着学校的实验室建设不断创生。

参考文献

[1] 徐倩. 创新实验室,因"课"而来 [J]. 上海教育,2016 (1):62 – 63.

[2] 李青. 高中创新实验室建设分析与思考 [J]. 中国现代教育装备,2012 (6):38.

徐汇中学行政会问题提议单

部门：教师发展中心　　　　提议人：龚亮　　　　时间：2019 年 3 月 1 日

问题名称	学科课程教学指南再思考
问题现象描述	这几天我们部门在撰写行动方案，校长要求教研组的教研活动要有深度和广度。回想到前几年我们区编过一个学科课程教学指南，但是据了解现在很少有教师用这个已经编好的学科指南
问题追因分析	外部环境： 1. 课程方案、课程标准、核心素养已有变化 2. 考试招生的改革 3. 教学目标：由重点关注质量到质量与效率并重 内部环境： 1. 老师们不积极用这些资料，认为这是上面要求编的，只是编出来而已。内因没有被激发出来，所以用的比例不高 2. 不同学校编写不同章节，不一定适合自己的学校的实际情况
问题处理 责任职能部门	教师发展中心
问题改进 措施和方法	1. 根据教育学院新的要求，各教研组已经着手编制新的教学指南，而且要和各备课组的教学相结合。如果编好后不用就失去编写的意义了 2. 需要专家的介入，提高指南的质量 3. 各教研组在编写学科指南需要配套题目，和我校的题库建设相结合，教研组要多搞教研活动
问题解决反馈	1. 提高教研组的教学指南和教研质量，最好的形式是"主题研训课例"。本学期已经完成：各教研组至少确立一个研训主题，一次专家和组内教师学术报告，一次校或区级教研展示活动 2. 本学期高中英语、高中化学、初中数学、信息作为试点学科，选择 2—3 个章节或知识点进行对应细化目标的试题选编录入，形成部分题库

徐汇中学行政会问题提议单

部门：科研与课程发展中心　　提议人：史莉莉　　时间：2019 年 2 月 29 日

问题名称	如何办好科研与课程展示月活动
问题呈现描述	过去的一年，科研与课程工作取得一定的成效，如何能在新的一年百尺竿头更进一步，为特色高中评审通过助力 如何办好科研与课程展示月活动，落实到实际工作行动中，让更多老师有觉悟做课程的开发者和践行者，培养智慧型、研究型教师
问题追因分析	1. 我校已立项的部、市、区、校级课题，如何带动更多老师做研究，提升教学效率 2. 科技和艺术在各级比赛中获得大量的奖项，如何表彰展示让更多学生意识到综合素养对自己成长提升的重要性
问题处理责任职能部门	科研与课程发展中心
解决问题建议	1.3 月筹备我校已立项的各级课题做展板、学生优秀课题展示，4 月在校园展出 2. 举办课题成果宣讲展示交流活动，拟定 4 月 12 日教工大会展示交流（校级优秀课题展示专场）和 4 月 19 日教工大会展示交流（市、区级课题展示专场） 3.4 月 26 日举办科技和艺术课程获奖成果展示颁奖（颁奖包括近期艺术科技获奖学生、英才计划学生、第三方认证查重率为零的优秀课题学生、优秀课程宣传片颁奖等）活动，全校直播 4. 举办特色课程宣传视频评选（4 月中旬完成评选，在 4 月 26 日科技和艺术课程获奖成果会上展示，优秀宣传视频在汇学和科技与艺术微信公众号展出） 5. 举办慕课赛课比赛（4 月底前在市慕课网站赛出并评选奖励）
问题解决反馈	1.4 月在校园展出科研员和我校已立项的各级课题主持人的展板 2. 举办特色课程宣传片和慕课评选，在 4 月 26 日科技与艺术创新课程成果展示暨颁奖典礼和科研与课程月展示暨总结表彰大会、优秀宣传在汇学微信公众号展出 3.2019 年 4 月 26 日，我校科技与艺术创新课程成果展示暨颁奖典礼活动在勤体馆礼堂举行，活动全网直播，可通过互联网在线观看 4.2019 年 4 月 26 日，我校开展了科研与课程月展示暨总结表彰大会，主题为"做研究型'明'师" 以上活动均取得了预期的效果，提高了老师做课程开发的积极性，也让学生看到了综合素养对自己成长提升的重要性

四、教师管理

徐汇中学班主任工作现状及发展需求调研报告[*]

中学德育管理工作的中坚力量是班主任，班主任队伍建设至关重要。通过问卷调查，对我校班主任队伍状况有清晰、真实的认识，调研结果能正确指导我校在"十三五"时期更好地开展班主任群体的科学培训工作，为我校新一轮的德育发展提供数据支撑和理论支持。

一、调研背景

班级是学校组织中最基本的单位，班主任队伍的综合素质、教育能力直接影响学校教育的整体质量。我校为了提高全面了解徐汇中学班主任队伍的状况，也为了全校教职员工的综合素养，尤其是提高我校班主任群体专业教育素养，更为了适应学校发展和新时代学生的需求，特进行了此项问卷调查。

本次调查采用问卷调查法，无记名和自主参与的方式。问卷由 26 道题组成，其中包括 19 道单项选择题、5 道不定项选择题和 2 道问答题。问卷内容涉及三个板块：个人基本信息、班主任工作现状和班主任专业发展。问卷于 2016 年 11 月 9 日统一下发给徐汇中学所有班主任和

---

* 本文作者曹令先，徐汇中学学生发展中心主任，高级教师。

年级组长。徐汇中学共有 7 名年级组长和 58 位班主任，发放问卷 65
份，回收 63 份问卷（其中有 2 份问卷大部分题目未作答，为无效问卷，
实为 61 份有效问卷）。有效问卷率为 93.8%，高于标准问卷有效回收
率 75%，故此次问卷统计结果有效。

　　本次调研立足于本校班主任在工作中常出现的困惑和问题，希望通
过这次调研，对我校班主任队伍状况有清晰、真实的认识，调研结果能
正确指导我校在"十三五"时期更好地开展班主任群体的科学培训工
作，为我校新一轮的德育发展提供数据支撑和理论支持。

二、调研分析与对策

　　本次调研问卷统计采用各题选项累加和问答题描述法。现将本次问
卷调查统计结果从三方面进行分析，并提出对策。

　　（一）基本信息分析

　　这一部分是班主任个人基本信息的分析，以明确班主任群体的性
别、年龄、学历、职称、任教科目等状况。统计结果如表 1 所示。

表 1　徐汇中学班主任个人基本信息统计

基本信息		占比（%）
性别	男	16.4
	女	83.6
年龄	30 岁以下	23.0
	31—35 岁	6.6
	36—40 岁	18.0
	41—49 岁	45.9
	50 岁以上	6.6
学历	本科	80.3
	研究生	19.7

续表

基本信息		占比（%）
毕业学校	师范类	85.2
	非师范类	14.8
职称	见习教师	
	中学二级	24.6
	中学一级	59.0
	中学高级	16.4
任教科目	语数英	78.7
	理化生	14.8
	政史地	4.9
	其他	1.6
教龄	5 年以下	18.0
	6—10 年	9.8
	11—20 年	36.1
	21—29 年	27.9
	30 年以上 8.2	
班主任工作年限	5 年以下	24.6
	6—10 年	16.4
	11—19 年	45.9
	20 年以上	13.1
本人最高荣誉	校级	37.7
	区级	21.3
	市级	4.9
	无	36.1

续表

基本信息		占比（%）
班级最高荣誉	校级	31.1
	区级	26.2
	市级	11.5
	无	31.1

从个人基本信息统计数据来看，我校班主任年龄结构不够合理，40岁以上的资深班主任占52.5%。这一年龄段的班主任优势是班级管理经验较丰富，班主任的基本功比较扎实，有一定的教育理论，能在具体的教育情境中采取不同的管理措施。但是，这一年龄段的班主任缺点也很明显，家庭负担比较重，干劲不足，班级管理拘泥于传统，缺乏活力。由此可见，我校班主任的队伍需要新老更替。我校班主任队伍中达到本科及以上水平的为100%，达到中学一级职称和高级职称的为75.4%，可见班主任们具备开展班级工作的知识水平和技能。

从表1中可以看出，从事班主任工作年限十年以下的占41%，从事班主任工作十年以上的占59%，也就是说发展期和成熟期的班主任比例基本相当，说明只要学校重视班主任队伍的合理建设，有效培训，会有更多的班主任骨干出现。就目前班主任队伍而言，我校班主任和班级获得区级及以上荣誉的分别占26.2%和37.7%，这一数据说明这支班主任队伍中，缺乏班主任的领军和骨干，大多数班主任缺乏对班主任工作的理论积累和研究。

（二）班主任工作现状分析

这一部分是对我校班主任工作现状的分析，其中包括承担班主任工作的原因、感受、收获、时间分配，以及和学生、家长、任课教师联系的情况。

1. 担任班主任的原因

从图1中可以看出，真正愿意并喜欢当班主任的只有41%，这说明我校教师做班主任的积极性一般，尤其有 38% 的班主任主观上不愿意做班主任，这也就解释了为何我校个别班主任所管理的班级状况堪忧。

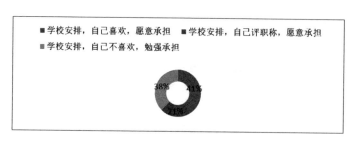

图1　担任班主任的原因统计

2. 班主任工作的感受

从图2中可以看出，63.9% 的班主任在班主任工作中感到有较大的压力，如果班主任压力过大，很可能会导致工作倦态、精神疲劳，从而引发生理状况和心理状况不佳，而这又会使班主任在面对学生时表现出情绪低落甚至玩世不恭的态度。

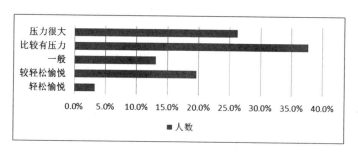

图2　班主任的工作感受统计

3. 班主任工作的收获

虽然前两项数据告诉我们班主任群体当中存在一些问题，但我们也应该看到大部分班主任不愧是德育工作者，他们在班主任的工作中更看重学生与家长的反馈，这也能体现出班主任群体的善良大气、不计个人得失，勇于奉献的优秀品质如图3所示。

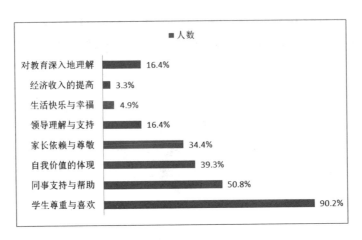

图3　班主任工作收获统计

（三）班主任专业发展需求分析

这一部分是对我校班主任专业发展需求的分析，问卷涵盖了班主任们认为自己迫切需要提升的能力提升班主任专业发展最有效的途径、班主任队伍建设最重要的工作、对学生处工作的满意度和对自身专业前景发展的看法，这些数据为学生处今后做好班主任的培训和培养提供了事实依据。

1. 在班主任工作方面迫切需要提升的能力

这道题是一道多选排序题，通过统计得出了我校班主任在工作中需要迫切提升的能力（见图4），其中对心理特殊学生的辅导能力的需求最迫切，其次是良好行为规范的养成和学困生的学习指导。可见，班主任们对自己工作中的问题还是有思考的，这就有待我们学生处在今后的培训中给予专业的指导。在设计问卷题之前，我个人认为社会两难问题辨识引导和社会思潮对学生的影响是最迫切需要帮助班主任们提升的，但是可能我校是一所完全中学，所以被放在了次重要需要提升的能力。

2. 提升专业发展最有效的途径

这道题是一道多选排序题，从图5中可以看出，我校班主任大都认同师徒结对、行动研究和集中培训的方式。

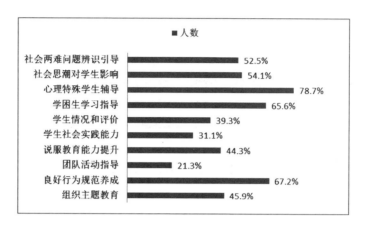

图4 班主任工作迫切需要提升的能力统计

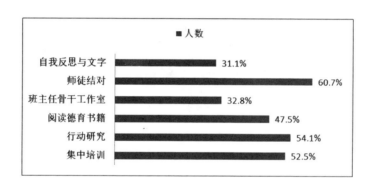

图5 提升专业发展最有效的途径统计

3. 班主任队伍建设的重要工作

这道题是一道多选排序题，从图6中可以看出，我校班主任对提高班主任津贴的呼声十分热烈。的确，班主任群体作为学校教育教学的中坚力量，在绩效工资上向班主任倾斜十分必要。而且，津贴的上涨也会帮助学校维持好班主任这个群体。

4. 班主任对学生处工作的满意度

总体而言，我校班主任对学生处过去的工作是认可的，也是比较满意的（见图7）。这也要求我们再接再厉，在今后的工作中，服务好班

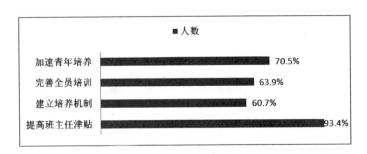

图6　班主任队伍建设措施统计

主任群体，培训好班主任群体，更要引领好班主任这个群体。

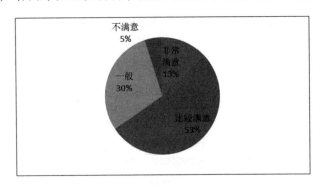

图7　班主任对学生处的工作满意度统计

（四）我们的对策

通过本次调研，我们发现我校教师主动承担班主任的意识不够，班主任在自身专业化更新方面意识不足，对社会上的一些两难问题（环保、意识形态、社会思潮对学生的影响等）缺乏思考且应对能力普遍较弱。面对我校班主任的现状和发展需求，我们认为抓好班主任队伍建设，提高班主任的综合素质至关重要。我们提出以下几方面的对策：

1. 做好班主任群体和全校教职员工的思想建设，逐步在我校形成"做班主任光荣的理念"

"授人以鱼，不如授之以渔"。"学生需要教育，教师更需要教育"。如果我们把学校看作一个三角形，三角形的底部是教师，中间是学生，最上面就是社会需要的人才。

只有100%投入的班主任和教师，才能培养出优秀的学生。所以，我认为教师的教育更重要，只有这样"人人都是德育工作者"才不会成为一句空话。只有教师坚定了理想信念，提升了思想境界，践行了习近平总书记提出的社会主义核心价值观中的"敬业"二字，才有可能办好令人民满意的学校。

2. 梯度培训学校的班主任队伍

（1）学生发展中心。学生发展中心作为学校班主任队伍的直接管理者，首先要加强自身的理论科研学习，需要眼界更宽，心胸更开阔。其次应该努力以项目为引领，指导班主任搞德育研究，写德育文章，从而使我校班主任群体的科研水平更上一个台阶。

（2）班主任全员校本培训。每月一次的班主任培训应该形成系列，聚焦不同主题，在注重理论学习的同时，也要兼顾班主任各项实务能力的培训。

（3）骨干班主任的培训。以评选校级德育骨干为抓手，以项目为引领，发挥德育骨干的示范引领作用。

（4）青年班主任的培训。针对我校青年班主任的现状，成立"春芽社"，定期开展活动，探讨班级管理中遇到的困惑，寻找解决方法和途径；实施"青蓝工程"，实行导师带教制。

3. 制度保障

做好班主任各项工作的规范，编写班主任工作实务手册，修改现有不合理的规章制度，健全班主任和班级的评优机制，为班主任专业发展保驾护航。

4. 提高班主任津贴

根据国际上的一项研究成果，可以把对人的工作有影响的因素划分为两类："要求"与"资源"。当"资源"能满足"要求"时，任职者可以圆满地完成他们的工作；而当"资源"不能满足"要求"时，任职者会产生职业压力，压力过重就会产生一系列负面效应，例如工作倦怠、情绪衰竭、玩世不恭、成就感低落等心理不健康状况，生理不健康，等等。所以，我们认为可以以现有绩效工资方案为基础，在上级行政部门增资拨款时，在新的绩效方案中，制定更有利于我校班主任聘任、评价、奖励、进修、待遇等的制度，从而在物质上，在管理上给我校班主任提供更多的"资源"，促使班主任群体达到更高的"要求"。

三、调研总结

党的十八届三中全会通过的《中共中央关于全面深化改革的若干重大问题的决定》提出："深化教育领域综合改革。全面贯彻党的教育方针，坚持立德树人，加强社会主义核心价值体系教育，完善中华优秀传统文化教育，形成爱学习、爱劳动、爱祖国活动的有效形式和长效机制，增强学生社会责任感、创新精神、实践能力。"立德树人是教育的根本任务，是培养什么人、怎样培养人的根本问题。要培养德、智、体、美全面发展的社会主义建设者和接班人，就必须把德育放在首位，立德树人，使我们培养的人才既有高度的道德素养，又有建设社会主义的真实本领。

所以，班主任群体作为学校德育工作的直接实施者，一定要提高其专业性。我们一定要纠正一个错误观念：班主任是学科教师的附属品，任何教师都可以被学校任命为班主任。班主任群体应该是学校中最优秀的群体，是学校中德才兼备的教师才可以担当的。班主任群体的素养反映了学校的办学水平。当然，在本次调研中，我们也欣喜地发现我校班主任对于自身的班主任工作有相当的关注度，也非常重视自身的专业化成长。本次调研很有价值，加强了学生发展中心和班主任的沟通，希望以后能更全面地听取班主任的意见，改进我们工作上的不足。

参考文献

[1] 刘济良. 学校德育 [M]. 北京：北京师范大学出版社，2015.

［2］李冲锋. 教师如何做课题［M］. 上海：华东师范大学出版社，2012.

［3］郑金洲. 教师如何做研究［M］. 上海：华东师范大学出版社，2012.

成长如烹饪

——见习教师规范化培训之我见*

为了更好地让见习教师浸润到一个优秀学科教研团队之中，让其身临其境、体验成长，接受规范化的指导，笔者总结了多年的带教经验，从听课、评课、备课、上课、批改作业、编制试题等方面，分别阐述了如何让见习教师正确地认识每项工作的基本程序，不断提高自身的教学基本功，逐步让见习教师较好地胜任并独立完成日常教学工作。

青年教师是学校可持续发展的生力军，学校必须搭建各种平台，努力使青年教师提高教育教学水平，逐步适应和胜任学校教育教学工作。而工作第一年的见习教师如何顺利地进入角色，正确地认识每项工作的基本程序，尽快地胜任并独立完成日常教学工作，更是尤为重要。

作为上海市见习教师规范化培训基地，我校围绕"职业感悟与师德修养、课堂经历与教学实践、班级工作与育德体验、教研与专业发展"四个模块十八项要点，扎实推进对见习教师的各项培训，积极探索既体现学校特色又符合新教师成长规律的规范化培训机制。

其中，就"课堂经历与教学实践"这一板块，引发了我的思考：要想烹饪一道好菜，前期的准备工作很重要，当挑选食材、清洗完毕、

---

* 本文作者陶琦，徐汇中学教师发展中心副主任，高级教师。

刀切配料等一切准备就绪之后，下锅便是水到渠成。那么，一年的见习培训，要想水到渠成，我们需要做些什么呢？

一、准备期

（一）练听课

1. 听课，听什么、记什么

新教师听课往往只是记录课上讲了哪些例题、让学生做了哪些练习。较多关注的是讲些什么，而不重视怎么讲。而事实上，职初教师要练的基本功之一就是讲正确、讲清楚。因此，指导新教师学会听课、学会记录，应该是培训的第一课。

记得第一天见习教师小陆听我的课时，他一直在很认真地做笔记。课后我拿过了他的笔记，只见上面记录的是这节课的整个过程。我思索了一会儿，问了他一个简单的问题："小陆，你觉得作为一名教师，听课到底要听点什么？"他被问得有点不知所措，不知如何回答。我笑了笑，说："听课不能只是简单地记录过程，要多想想每个地方讲课的老师为什么这么讲，对于每个问题是如何提出的，又是如何引导的，作为新教师没有经验，听完课以后还要仔细思考这节课的重点在哪里，细节是如何处理的，板书是如何设计的，等等，单单记录过程是不够的。"见他频频点头，一副恍然大悟状，我顺势给小陆提出了听课的要求：每次听课时要记录下分析问题时的设问；听完课后还要思考这样讲的目的是什么、这节课的重点和难点是什么。有意识地培养他听课时的关注点要全面。

慢慢地，听的课多了，感觉小陆自己也能总结一些方法技巧，也能够独立判断一节课的精华，有时还能提出一些意见互相讨论。这一切，可以为新教师今后自己设计教案打下很好的基础。

2. 多听课、学评课

只听导师一个人的课总觉得有局限，还不够丰富。于是我充分利用身边的每一份资源，让小陆能有机会听到不同教师的上课风格。从本年级备课组的活动，到学校骏马奖的比赛，再到区教研活动的展示课，无一落下。课后还与他一起讨论其他老师课堂上的亮点，以及可以改善的地方，并让他做出书面的点评。让他作为旁观者能初步分清一堂课的优劣，不断提升评课的能力，让他初步了解一堂好课要注意些什么。

特别是让他全程观摩了徐汇区数学青年教师大奖赛的决赛，并让他自己在心里也当了一回小评委。多人上同一课题，更是让他感受到同一问题不同人处理的优劣，从中学会了听课、学习了评课。正如小陆所说："当我心中评出的人选恰巧与结果一致时，真实地感受到了培训带来的进步。"

（二）练做题

1. 大量做题

新教师要能较好地把握教材、做到精选例题，首先要大量地做题。这样，他才能更好地熟悉教材，才能对教材的重点有所感悟，才能了解哪些题具有典型性。所以，我要求小陆大量地做题，并要求他将所做的题进行归类，相应地分析某一个章节的知识点可以如何应用，学习挑选有代表性的例题。

另外，做的题不仅仅局限在本年级本阶段的相应习题，有时间还要求做毕业班的复习题。这样才能纵观全局，更理性地认识每个知识点在整个初中阶段的比重，能站在更高的角度理清思路，为精选例题、优选练习、编好试题做好准备。

2. 规范书写

要想让学生养成良好的书写规范习惯，教师首先要知道如何才是规范的。例如平面几何证明题，不仅要培养学生的逻辑思维能力，而且还需培养学生规范的表达能力。教学生写好每一个逻辑段是一项重要的任务，因此新教师首先要规范好自己的写法。于是，我要求小陆也像学生一样认真地书写几何证明的家庭作业，并交给我面批，还要求他写出每一条定理在使用时，如何将文字语言转化成正确的符号语言，以此来训练新教师自身的几何素养。

（三）练批改

新教师刚开始批改作业，学生作业本上常常只留下简单的"勾"与"叉"，教师自己也没有留下什么记录。这样批阅之后，学生不一定能自我订正，教师也不明确哪些问题需要讲评。这样简单的批阅显然是不行的。

于是，我要求小陆能仔细阅读学生的解答，圈出错误的地方，记录下典型错误，还要挑出明显没搞清楚的学生的作业，以备单独交流。这样，在集中讲评时就能有针对性地讲主要问题；个别学生的个别错误，通过老师的圈画可以自我订正；困难学生可以通过单独辅导达成学习目标。这样做，从批改的时间上看是增加了，但是讲评的效率也增加了。因为有效的批改才能使得作业能有效地被讲评。

（四）练命题

命题是教师工作的一个重要环节，也是教师基本功的重要组成部分。因为它关系到日常教学评价的准确度，关系到教师作业布置是否有效、对学生的思维训练是否得当。命题能力体现教师的专业水平，因为一份科学、有效的试题不仅体现教师对课标、教材的理解与把握能力，也体现教师对学生的研究深度、对学生学习的了解程度。

第一次命题时，我先给了小陆一些资料，让他从中挑选题目完成一份单元试题。初稿完成后，再指导他对照本单元的知识点，看是否都有相应的试题与其对应，从而找出遗漏的内容。然后指导他注意试题编排的顺序是否合理，难易比例搭配是否科学，最后再对试题整体的排版加以调整。通过这样一些有针对性的指导，让新教师可以初步感受，怎样命题，试卷命题要注意哪些方面，为其以后能独立命题打好基础。

二、慢火期

进行了大量讲台外的工作之后，是时候走上讲台了。

第一次，我安排小陆上一节代数课"反比例函数第一课时"。首先让小陆自己独立准备教案，第二天我与他一起讨论分析；接着让他回家修改并设计板书，第三天我再次帮他一起修改；然后回家再修改并写下各环节的连接词；随后让他听我上了同一节课，回家做最后思考。就这样，前后经历了长达一个星期的时间才让他走上讲台。课后，继续根据课堂上出现的问题再次做了点评。总体来说，通过反复磨课修改点评，第一次上课效果不错。

第二次，我安排小陆上了一节几何课。经历了前一次一样的过程，但是课堂效果明显不如上一次代数课。语言啰唆、分析不够，对于课堂上的生成性问题无法灵活解答，一些备课时无法预料的问题让他有一些措手不及。他自己也感到"几何课比代数课难上，看别人上课容易自己上课难"，"备教材不够，还要备学生"。此时的小陆再次体会到：听别人上课要听"怎么分析，怎么引导"。

可惜的是没有把当时上的课录下来。如果下一次再有机会带教的话，一定要把新教师上的每一节课都录下来，没有录像的话录音也可以。让他回家再仔细听，哪些地方啰唆了，哪些地方没讲清楚。自己边听边记录边反思，可能进步会更大。

三、大火期

经过一个阶段的带教、培训，在全校教师面前进行公开课教学展示，也是很重要的一个环节。为此，学校为青年教师搭建了一个展示自我的舞台，开展了一年一度的"新苗奖"评选活动。

依托学校"新苗奖"这一平台，小陆给自己提出了挑战，他依然决定上一节几何课"平行四边形判定第一课时"。我感叹于他的勇气，能毅然决定向自己的弱项挑战。作为导师自然不敢怠慢，调动了备课组所有成员和教研组内的一些资深教师，一起组成了导师团。经历了一次次试讲，通过一次次磨课，反复修改了教案。最后一次试讲结束之后，我又借了一个没人的教室，在那里指导板书设计，不断地写了擦，擦了写。我要求他把上课讲的每一句话都要写下来，把学生可能出现的问题考虑清楚。由于在短期内进行了高强度的磨课，正式开课那天自信的小陆圆满地完成了任务，获得了一致的好评。这次"新苗奖"的经历，对小陆来说也许是一次"痛苦地煎熬"，但是只有通过这样的磨炼，新教师才能更快地成长。

成为上海市见习教师培训基地对我校是机遇更是挑战，它必将成为我校教师专业发展的助推器。学校将继续处理好见习教师培训与教师研训的关系，将见习教师培养融入教师培训系列中，对教师培训进行整体设计，探索不同阶段教师培训机制，努力提升学校教师专业发展的整体水平。而作为导师，我在这一年中与新教师互相学习，各方面的能力也不断得到了锻炼与提高，同时我也深深感受到"培训如烹饪"，只有经历了长期的准备、慢火的炖煮、大火的煎熬，才能收获美味佳肴。

初中班主任管理艺术中的情与法[*]

班主任管理艺术对班级建设与学生发展有着直接的影响，这就要求初中班主任在新时期素质教育培养过程中，重视班级管理艺术的探索，为学生的成长与发展创设有利的环境。本文在对初中班级管理中的普遍问题加以概述的基础上，分析了班主任管理工作的重要作用，并探讨了相应的班主任有关"情与法"的班级管理策略。

一、引言

初中班主任管理工作是班级建设的前提，要求班主任必须在一定管理目标的指导下制定行之有效的管理策略，使班级建设中的各项活动能够有组织、有规划地进行，从而促进班级的良性运作，为学生的健康发展提供良好的外在条件。初中生正处于非常敏感的成长转折期，对于世界和社会的认识不全面，还未形成正确的价值观和人生观。而班主任作为班集体的管理者和组织者，作为学生的榜样和楷模，承担着管理班级事务和树立学生正确价值观的责任。因此，在日常的班级事务管理中，班主任要注意教育的方法和管理的艺术，在不同的情境下权衡、选择适

* 本文作者盛军，徐汇中学学生发展中心主任。

宜的、高效的、科学的管理手段，不断提高自身的班级管理水平，促进学生的健康成长和发展。

二、初中班主任管理中存在的问题

（一）管理观念的落后性

在班级管理过程中，由于缺少教育理论的指导，有些班主任的教育管理理念已不适应管理现代初中学生的需要。有些班主任仅凭个人喜好、情绪进行班级管理，这样的管理方式不仅不科学，而且难以取得良好的管理效果。

（二）班级管理方式单一

大多数班主任采用专制型的管理方式，将学生的日常行为、学习习惯等用各种条条框框进行规定，以督促提高学生的学习成绩，这在很大程度上抑制了学生个性的发展和主观能动性的发挥。在班级管理中，针对不听话的学生，班主任往往会采取一定的管教措施。在进行沟通与谈话时，许多班主任将自身置于"高人一等"的地位，试图通过严厉的批评教育改善学生的现状，但忽视了学生心理因素的变化，可能造成学生畏惧、自卑、逆反等心理，最终适得其反，不利于班级管理质量的提升。

（三）学生叛逆心理严重

正处于青春期的初中生，普遍存在较强的叛逆心理，这是初中班主任班级管理中存在的主要问题。由于特殊年龄特征带来的叛逆心理，部分初中生表现为心智不成熟、心理偏激、追求独立等现象。而出现这些问题的初中生，不仅自身的学习情况会受到影响，而且不利于良好班风的形成，同时大大增加了班主任班级管理的难度，影响了班主任班级管理的质量。

三、初中班主任管理工作中的作用

（一）协调与组织作用

在对班集体进行管理的过程中，班主任首先发挥的便是协调与组织作用。在班集体内部，选择有一定工作能力的学生担任班委，组织班委开展各项工作，协调好班委与同学之间的关系，建立一个良好的班集体。在班集体外部，班主任在学校、家庭、社会之间也起着重要的协调和组织作用，包括协调处理家庭教育与学校教育之间的关系，学生与教师、家长之间的关系，组织家长会、学生的社会实践活动、校园文化活动等。

（二）引导与培养作用

初中阶段正是学生思想观念形成的重要时期，在结合初中生特点的基础上，应正确发挥班主任的引导与培养作用。班主任可以引导学生进行自我教育、自我管理、自我学习，培养学生独立思考和解决问题的能力。此外，班主任在班级管理工作中还发挥着重要的榜样作用，班主任的言行举止会对学生产生重要的影响。因此，班主任应该积极做好表率作用，帮助学生形成良好的思想道德品质和正确的世界观、人生观和价值观。

四、初中班主任管理艺术中的策略

（一）班级管理艺术中"情与法"的关系

"情"是学生接受教育的前提。教师对学生怀有真诚的感情，学生才会"亲其师，信其道"，自觉愉快地接受教师的教诲。心理学的研究表明，只有心心相印，情感交融的教育，才会引起学生感情上的共鸣。

"法"是班级管理中的有效手段。没有规矩，不成方圆。班级的规矩就是班级的法。"法"能使班级管理规范化，使学生养成良好的文明习惯和行为规范，能使班级管理制度化、经常化。

情能拉近教师与学生之间的距离，融洽师生关系，给学生以温暖。但是如果在班主任管理中只有情，那班级管理缺乏力度，容易造成管理上的放纵和随意。而"法"虽能规范学生的行为，但无法走进学生的心灵，只能治表而不治里。因此，只有"情"与"法"的交融，既能规范学生言行，又能感化学生的心灵，达到表里兼治的目的。

（二）体现"情与法"的班级管理策略

1. 加强沟通，尊重学生个性

苏霍姆林斯基说过："教育首先是关心备至地，深思熟虑地，小心翼翼地去碰触年轻的心灵。"① 所以，作为一个合格的班主任，首先要会有效沟通。班主任要根据教育规律和中学生成长的需要走近学生，欣赏学生，关心学生情感体验，让学生感受到被关怀的温暖。此外，班主任要明确每一个班级都是由不同层次的学生组成的，学生在思想、心理、学习、身体素质上存在着不同的差异，一个班集体的建设与形成也只能是求大同存小异。对于不同层次的学生，班主任应该平等对待、一视同仁、因材施教，善于在不同学生的个性、兴趣、爱好和特长中发现他们的闪光点，挖掘开发他们各自的才能，使每一个学生都能在班集体中找到适合自己发展的位子，让每一个学生都真正成为学习的主人、班级的主人。

2. 激励引导，营造积极向上的学习风气

以人为本的班级管理，离不开有效的激励机制。班主任可以通过设置合理的目标，激发学生学习的原动力。实行目标激励可以分为三个阶段。第一阶段为设定目标，让学生联系自身实际情况，在诸多方面设立目标，例如获得好的学业成绩，或者提高学习能力、创新能力、合作能力等。第二阶段为实现目标，发挥学生的优势和潜力，鼓励学生把目标落实在平常的实际行动上。第三阶段为评价目标，班主任不仅要评价学

---

① 摘自瓦·阿·苏霍姆林斯基的《给教师的信》。

生对知识与技能的掌握情况，还要评价学习过程与方法、情感态度与价值观等，使学生及时看到自己的进步、潜能、长处及不足，从评价中认识自我、完善自我。这样一种管理策略改变了原先的"成绩中心论"模式，更加注重学生的素质水平。班主任不仅仅单靠成绩评价一个学生的好坏，还会关注学生的成长与进步，及时反馈，让学生为自己的进步感到欣喜从而更有动力，最终在班级中营造积极向上的学习氛围。

3. 建立约束机制，进行制度化管理

"无规矩不成方圆"。在日常的班主任管理工作中，这个道理仍然非常适用。虽然班级只是社会中一个很小的单位，但是合理有效的制度可以提高管理效率，使班级这个单位最优化。班集体除了要遵守学校规定的行为准则外，还要遵守班级的管理制度。例如，在举办校内活动或者集体活动的时候，要求每个人都准时出席，并及时清点人数，如果有学生在没有任何理由的情况下私自缺席，则班主任应按照既定的准则对该同学进行相应的"处罚"。因此，在处理班级事务过程中，班主任不仅要坚持原则，更重要的是建立健全班级管理的各项规章制度，善于用班规班纪来规范学生的行为，引导学生走健康的成长道路。

4. 管放结合，引导学生学会自我管理

班级管理工作的对象是成长发展中的学生。在实际工作中，班主任要管的方面很多，小到学生的举手投足、穿着打扮，大到学生的思想动态、班级的建设与发展等。但是在班主任管理过程中，班主任要充分发挥学生的主体作用。学生能够自己完成的，要大胆放手，把一些具体的任务分配下去，充分调动学生的积极性，发挥班干部的模范带头作用，引导学生参与管理，逐步锻炼和培养学生自我教育和自我管理的能力。在整个管理过程中，班主任必须对学生严格要求，严格管理。但严不是严厉、严酷。管理过严，也容易造成学生的逆反心理，导致师生关系僵硬。对于学生犯下的错误，教师不要贸然地去对学生的举动进行横加指责，更不要对学生采取体罚或变相体罚的行动，要以师生平等的身份去问清缘由，在了解清楚一切之后，坚持教育和处理并重，先教育后处理的原则，努力实现严宽结合、情理并重，让学生在教师的引导下学会自我管理。

五、结束语

初中是学生成长的关键时期，针对初中生进行有效的班级管理，可以为学生的发展奠定良好的基础。在管理过程中，每一位班主任都应及时反思自己的作为，认识到自己管理中的不足，并针对这些问题提出行之有效的管理策略。管理一个班级就像完成一件艺术品，它需要与时俱进，同时也需要发挥自己的想象，而班主任就是那个艺术家。因此，在管理初中班级的时候，班主任要积极探索学生的心理需求，采取"情"与"法"结合的管理模式，将规矩与自由相结合，创建和谐友爱的班级，促进学生素质教育的开展。

参考文献

［1］饶玉莲. 基于初中班主任管理艺术的探索［J］. 读书文摘，2017（5）.

［2］肖刚. 浅谈初中班主任管理工作中的问题与对策［J］. 新课程（下），2017（1）：229.

徐汇中学行政会问题提议单

部门：教师发展中心　　　　提议人：顾锦华　　　　时间：2019 年 3 月 15 日

问题名称	请假期间的相关待遇问题
问题现象描述	问题 1：病假 2 个月之内，原工资是否照发 问题 2：病假工资是指应发工资还是实发工资 问题 3：病假工资是否应不低于全市平均水平
问题追因分析和责任人认定	1. 对原工资概念界定不清晰 2. 对工资中每月扣除的五险一金是否属于个人收入的规定不明确 3. 学校请假制度及相关待遇处理办法不明确 以上问题主要由教师发展中心人事部门及学校发展中心负责完善
问题改进措施和方法	1. 积极宣传学校的请假制度及相关待遇处理办法，做到人人知晓 2. 完善徐汇中学教职工请假制度及相关待遇的处理办法 （1）请假流程图 （2）出具病假单的医疗机构级别 （3）进一步明确请假期间待遇问题。如请假期间扣发数＝当月工作津贴/22 ×请假天数 （4）病假事假工资待遇要有区别。病假需提供病假单，6 个月内国拨工资不打折，绩效工资停发，超过 6 个月，国拨工资打 8 折。事假需提前向校长室请假，一次性连续超过 15 天，国拨工资打 7 折，超过 30 天打 5 折，超过 2 个月，工资停发 （5）工作人员凡未经请假擅自离开工作岗位，或者假满未经续假而逾期不归的，按旷工论处。旷工 6 天及以下的，扣除本人旷工天数的基本工资；旷工 7 天以上的停发本人当月全部工资
问题解决反馈	2019 年 3 月完成《徐汇中学教职工考勤管理制度》初稿 2019 年 5 月完成《徐汇中学教职工考勤管理制度》修订稿。2019 年 6 月 6 日与法律顾问共同讨论《徐汇中学教职工考勤管理制度》，进一步完善

徐汇中学行政会问题提议单

部门：教师发展中心　　　　　提议人：顾锦华　　　　时间：2019 年 3 月 1 日

问题名称	岗位设置方案中的年限问题
问题现象描述	问题 1：新进在职教师的任职年限从何算起 问题 2：临近退休的教师任职年限是否可以优先考虑 问题 3：在任职之前评上骨干教师，任职年限怎样加分
问题追因分析和责任人认定	新问题新情况层出不穷，方案要逐步完善，教师发展中心人事部门应根据新情况，完善岗位设置方案
问题改进措施和方法	1. 新进教师在新单位一年后，可以参加岗位设置调整 2. 临近退休教师，可以优先考虑 3. 骨干教师的任职年限可以按任期内的骨干年份做叠加
问题解决反馈	原方案中虽然未涉及以上三个问题，但在以往的实际操作过程中，新进教师晋升、临退休教师的年限问题，我们已经做了人性化处理，且在实施过程中，未出现任何反对意见。故我们还是按照原方案执行

徐汇中学行政会问题提议单

部门：科研与课程发展中心　　提议人：史莉莉　　　时间：2019 年 3 月 1 日

问题名称	指挥能力提升
问题呈现描述	开学第二周，周一（2 月 25 日）升国旗唱校歌，发现指挥台上指挥的学生节奏不准，而且只是打拍子，没有起到指挥作用，导致学生唱校歌声音很小，没有激情
问题追因分析	指挥学生没有经过培训，没有选好，没有能带动大家
问题处理责任职能部门	学生发展中心、音乐组
解决问题建议	1. 3 月在音乐课落实班班唱校歌学指挥 2. 4 月初进行汇学小小指挥家比赛，选出前十名，作为每周一指挥人选 3. 唱校歌体现学生精神面貌，还可以各年级进行唱校歌比赛，通过指挥唱校歌了解学校的校史，让学生更爱学校
问题解决反馈	激励师生奋发向上，传承"汇学"精神，丰富校园文化生活，学校组织了"汇学杯我是指挥家"校歌合唱指挥比赛活动。整个活动分为三阶段开展。第一阶段：各班音乐课上练习校歌指挥。第二阶段：在全员普及的基础上，班级选拔出优秀学生，参加 4 月 2 日在崇思楼 3 楼合唱教室的指挥比赛。第三阶段：评出前十名选手为每周一升旗仪式校歌指挥。经过公正的评选，对精神面貌、台风、着装统　，指挥节奏准确，指挥和校歌配合、现场演出效果及艺术性等方面打分，最终评出一等奖 5 名，二等奖 12 名，三等奖若干名。 一等奖：李欣祺（预初 4 班）、潘睿萱（初一 6 班）、王嘉怡（初二 5 班）、张婧怡（高一 2 班）、金佳俊（高二 1 班）； 二等奖：赵韵嘉（预初 1 班）、王蔚然（预初 4 班）、陈奕米（预初 6 班）、钱隽毅（预初 10 班）、姜宇涵（预初 10 班）、俞辰杰（初二 1 班）、高凌炜（初二 3 班）、傅文茜（初二 5 班）、张靖阳（高一 1 班）、任禹竹（高一 4 班）、殷磊（高一 5 班）、孙晓苡（高二 5 班）、周鸿彬（高二 6 班）

徐汇中学行政会问题提议单

部门：科研与课程发展中心　　提议人：史莉莉　　　　时间：2019 年 3 月 8 日

问题名称	进一步提升教师研究能力
问题呈现描述	有个别骨干教师说怕增加组内老师的工作负担和压力，不敢安排做课题研究。2017 年申报校级课题 14 个，有一个组申报的校级课题原组长说不做了，原因是做不下去
问题追因分析	没有认识到做课题研究的真正意义和目的，没有深入思考，实践行动
问题处理责任职能部门	科研与课程发展中心
解决问题建议	1. 加强培训引领，提供学习交流机会，请做得好的科研团队或个人展示课题研究转化的教学成果，引领带动，认清研究的意义和目的，促进教师变被动研究为主动研究 2. 增强课题研究指导，邀请区科研员、专家等引领指导 3. 搭建平台，推动积极申报各级课题，在研究中让更多的老师尝到研究的甜头
问题解决反馈	1.2019 年 4 月 11 日中午，我校全体科研员以及将要申报 2019 年市级青年课题的教师出席了"市级青年课题申报指导"会议。会议由科研与课程发展中心主任史莉莉老师主持。会上，邀请了具有多年青年课题研究指导经验、区教育学院研究型课程教研员张红梅老师指导。张老师从课题性质、申报对象和资格、区级选拔过程、选题要求等方面做了详细的说明，强调了课题研究的实践性与创新性，针对中高考改革，列举了课题研究可以从"跨学科案例分析""各学科核心素养""单元教学设计"等方面展开研究 2. 继学校召开"市级青年课题申报指导"会议之后，我校共计申报 2019 年度市级青年课题 7 项，区级课题 10 项，较去年不仅在数量上有所增长，在质量上也有一定的提高。我校为争创研究型、创新型学校，为培养研究型、创新型教师，学校给教师的专业成长提供良好的学习平台与氛围，科研和课题是教师成长的必经之路 3.2019 年 4 月 26 日，我校开展了科研与课程月展示暨总结表彰大会，主题为"做研究型'明'师"

五、教学管理

新高考改革背景下徐汇中学
选课走班制的实践与思考[*]

伴随高考改革新政的颁布和相应改革实践的推进，"走班制"这一教学组织形式成为新高考改革中教学组织形式调试的重要选项。本文尝试检视徐汇中学走班制的实践现状，提炼实践的经验，同时也剖析走班制推进过程中存在的问题，以期不断完善学校的走班教学。

一、高招改革，"走班制"升温

2014年9月我国政府发布的《国务院关于深化考试招生制度改革的实施意见》，对考试招生制度出台了一系列举措，提出分类考试、综合评价、多元录取的招生模式。作为国家试点省份之一，上海全面启动高考改革，取消文理分科，考试科目"3＋3"，学生可以自主选择考试科目。改革产生的"六选三"考试模式将产生20种不同的排列组合，每位学生根据自身的优势、兴趣选择考试科目。传统的班级授课制"固定与统一"的特点显然不能满足改革的需要，如果不改变教学组织模式，新高考赋予学生的自由选择权必将是空谈。

高招改革需要一个更加灵活和适切的教学组织形式，以满足学生多

  ＊ 本文作者吉姿，徐汇中学副校长，高级教师。

样化需要。"选课走班"这一名词悄然进入人们的视野并逐渐升温。高中学校根据自身的特点进行实践探索，不同形式的选课走班应运而生：有的是学科组合走班，有的是选考学科走班，有的是分层走班，等等。走班制从单科走班走向多科走班，从简单地为分层教学而实行逐步走向更为全面的教学组织形式。

二、徐汇中学选课走班教学现状

徐汇中学早在 21 世纪初就开始单科走班的实践，初高中 7 个年级进行拓展课走班教学，学生根据自身的兴趣选课。学校也积累了网上选课的成功经验。基于留学生语言水平的差异，学校 2006 年在境外部实践跨年级走班。

新高招政策颁布后，学校积极思考、主动应对。2014 年开始逐步推进选课走班制，截至目前经历了两个阶段，高中三年分步骤选课走班。第一阶段是 2017 届，由于等级考试时间的设置，高二年级只有一门地理考试，因此班级以选考地理为核心进行了行政班的重新编排，兼顾其他两门选项。物理和化学分层走班。高三年级实施理化生史政大走班。第二阶段是目前在校学生，也就是 2018、2019、2020 届。高一实施数学分层分班教学，以此应对数学文理不分科。基于学生的数学学科个体差异，全年级分三层。A 层六分之一学生、B 层六分之一学生、C 层三分之二学生。按照这样的比例分层，目的是要关注基础、关注全体，兼顾培优。高二实施物理和化学分层走班。根据学生选考意向，物理和化学都分 A 层与 B 层，分层走班教学。根据学生选考需求，地理和生物实施选课走班教学。高三理化生史政实施选课走班教学。

三、徐汇中学走班教学实践经验

"走班制"教学中，上课的教室和进行教学的教师固定，学生根据自己的兴趣和学习能力进行层次划分，选择在适合自身实际情况的班级中上课。不同层次班级的教学内容、作业布置、考试难度等都是不同的，这就适应了学生的个体的学科学习差异。六选三，理论上有二十种组合。徐汇中学新高考每一届二十种组合都有。以2017届为例，从最多的理化地组合60人（占年级总人数四成）到最少的生史政组合3人。学校充分挖掘硬件和软件资源，努力满足学生的所有选择。

在选课制的模式下，每一个高中生都会有自己所属行政班，同时也会进入选课分层产生的不同的教学班学习。他们会和不同的学生组成不同的学习共同体，能够广泛吸收不同学生的学习经验，以此提升自身的学习能力。

学生走班学习，处在一个相对流动的空间。这就要求学生有一定的自主学习以及自主管理能力，每个行政班和每一学科教学班都在探索和实践培养学生的自主学习和自我管理能力。

徐汇中学交叠实施分层教学、选课制、走班制。走班制充分联系和运用了分层教学和选课制的优势：走班制借助分层教学这一理念和方法达到教学效果的最优化，同时，走班制也是分层教学开展的最佳形式；选课制是走班制实施的前提，只有在充分保障学生自主选择课程的基础上才能有效实施走班制教学。

四、走班教学目前存在的问题与思考

徐汇中学的走班制积极地应对了新高招改革，也充分满足了学生的选课选考需求。但是学校在走班制的推进过程中，也碰到了一些不容忽视的问题。

首先是师资和教室问题。学校当年具备的师资条件很难高质量地满足改革的需求。热门课程的教师短缺，如地理课。有的学科由于学生选科人数少，教师的工作量不满。另外，跟其他中心城区学校一样，徐汇中学也面临教室紧张的问题，再加上要全部满足学生选课要求，教学班人数差异很大，不能避免大教学班的出现。即便选课分层，学生的个体

水平差异较以前缩小了，但由于班级人数多，"满堂灌"的现象依旧存在。教学组织形式发生了变化，学校要尽快在硬件设施和软件资源配套方面跟上，这样改革成效才能最大化。

其次，走班制对教学管理提出了挑战。形式上班级进行了分层，如果教师的改革理念、教学内容、考试评价不做改变，分层走班的目标成效就很难达成。因此在对教师评价方面，学校也要建立起一套多元的评价机制，对教师个体评价固然重要，但是团队评价需要强化。这一轮课改之初，《课程标准》新近颁布，加之走班教师基本兼任两个层次的班级，需要团队的力量来推动教研的提升。对学生的评价，也不能简单停留在学科考试分数上。虽说选考科目有等级评价，但是光凭分数和等级评价很难衡量学生在某一学科领域的综合素养。这就要求学校探索对学生的综合整体全面的评价方式，包括基础能力、学科潜能、学习态度、学业成就等。

再次，由于选课走班学生参与到不同的学习共同体，在学习过程中自主学习以及自我管理能力得到了一定的提升，但是任课教师和学生的关系在一定程度上疏远了。教师对一些学习动力弱、学习主动性不够的学生缺乏密切、及时有效的联系和跟踪。这样势必造成学生个体差异两极分化。教学班作为一种更为灵活的班级组织形式的同时，也因学生来自不同班级，甚至不同年级的临时集结性，班级管理逐渐弱化，班级管理难度增大，这就要求班级管理走向多元化和复杂化。因此，新的班级管理制度或者说新型的班主任制值得我们去探索。如何发挥全员育人，人人都是德育工作者，在高招改革的背景下显得至关重要。

最后，走班制强调学生基于兴趣和学力选课，且要以兴趣为导向，但学力可以依据成绩这一"看得见"的数字指标衡量，较为隐性的兴趣显然较难衡量，如何在学生选课的过程中，真正同时基于学生的兴趣和能力，帮助学生找准合适的"层次位置"，仍然是走班制实施的一个难题。重新高考的第一届毕业生中存在盲目选课、功利选考的现象，要解决这一问题首先需要高招政策不断完善。例如，浙江省完善选考科目保障机制，物理选考保障数量 6.5 万。这既保证了国家对相关专业人才的选拔，也一定程度上预防学生选考投机取巧。对于高中学校来说，急需对学生进行有效的生涯规划指导，让学生充分认识自我，发掘自身潜能。

五、结束语

选课走班本身是舶来品，徐汇中学也经历了从最初单科走班试点到今天的全员走班的过程。新高招改革，只有把选课走班和传统的行政班级有效融合，建立多元化的班级管理、探索新型的班主任制才能发挥选课走班的最大效应。高招改革和高中教育是一个有机体，牵一发而动全身。政策必须自上而下地完善，包括高招政策的不断完善以及与高招改革配套的高中教师编制绩效工资等政策要早日落地。有了政策的保障，高中学校能尽快有效地突破走班教学中遇到的难题。学校也要不断探索新型的、切实有效的教学管理模式，包括教师和学生的评价模式以及如何有效提升教师的专业化发展。高中教育改革不会一蹴而就，只有通过不断地实践和探索才能不断完善。

程序化管理

——提升学校中层管理能力的有效手段*

如何在学校管理中杜绝随意文化，追求有效管理，最大限度地减少人力物力的消耗，增强管理效益，是学校管理者都迫切希望切实解决的一个问题。如何通过程序化管理形成学校中层的文化自觉，有成效地促进学校的内涵发展、可持续发展，是学校文化建设不可忽略的一个方面。

去年上海徐汇中学代表团去台北徐汇中学进行了一次交流访问活动。我在和台北徐汇中学的中层管理者交流当中得到一个信息，他们学校的所有的组长和中层都采用轮换制度，从教师到组长到中层，三年轮一次岗。这样做的目的是为了让所有的教师都知道任何一个岗位中存在的困难，以及熟悉整个学校运行的流程，这是他们的优点。但他们这种做法，也有个明显的缺点，就是说当一个管理者，在自己的岗位当中刚熟悉了自己的业务，又要轮换到另外一个岗位，导致学校整体运作效率的低下，而程序化管理可以有效地解决这个问题。

学校中层干部既是执行者，又是领导者，既是决策层与全体教职工的纽带，又是执行正确决策的带头人和"检察官"。因此，一所学校的

---

* 本文作者龚亮，徐汇中学教师发展中心主任，高级教师。

中层干部所发出的任何一道指令，从某种意义上说，它就代表学校，代表决策层。所以，中层干部形象的好与坏，作风的实与虚，效果的高与低，将十分直观地呈现在师生员工面前。如果说决策是"做正确的事"，那么中层干部的能力就是体现在怎样"正确地做事"和"做正确的事"，这个"事"就是指决策层既定的"正确的事"。中层干部不在"做不做"，而在"怎样做"。

为此，自从担任学校中层管理者以来，经过摸索、提炼、归纳和总结，借鉴企业管理中的"程序化"管理策略，在我们教师发展中心实施"程序化管理"。实践证明，"程序化管理"既能使我们中层管理者的管理能力、执行能力和创新能力都得到较大幅度提升，又能使学校日常管理工作更加规范，并能及时发现问题、解决问题，从而促使学校进一步高效有序发展。

一、学校"程序化管理"的定位

纵观学校教育管理，"不严谨"和"随意性"同样处处存在、事事显现，如何在学校管理中杜绝随意文化，追求有效管理，最大限度地减少人力物力的消耗，增强管理效益，是学校管理者都迫切希望切实解决的一个问题。

"程序化管理"可以定义为：对于按照工作内在逻辑关系而确定的一系列相互关联的活动所实施的管理方式。通常，程序化管理要说明进行某种活动或完成某项工作的内容、操作方法及其相应的规则系统和前后衔接递进关系。管理者一般把反复出现的业务编制成具有相对确定性的程序，执行人员只要按照编好的程序去做，就能得到较好的效果。程序化管理存在于一切活动中，科学地制定程序，有助于提高效率。

我们部门坚持推行"每事一策一思、工作一周一结、校务一年一册"等"三个一"策略，让学校的每项工作都能按照既定的程序规范及时地完成，也便于反思和总结。

二、"三个一"程序化管理策略的落实

(一) 每事一策一思: 让工作渐趋完美

每学期初, 根据学校发展规划, 我们教师发展部门要求每位分管中层整理新一学期里要做的主要工作。在明确主要工作的前提下, 我们教师发展部门要求每位分管中层在实际工作中必须做好"一策一思"。所谓"一策"就是在工作开始前, 负责的中层必须先用心做好策划, 对每项工作的目标、工作步骤和工作细节精心策划和设计, 要求落实到每一个最细小的环节, 而且对每个环节都要求必须有专人负责完成, 专人负责督查落实。同时, 定稿后的策划书必须做好流程图, 让所有参与的老师都清楚此项工作的目标和工作进程。

所谓"一思"就是在工作完成后负责的分管中层必须牵头做好反思工作, 反思围绕三方面进行, 分别是成功之处、不足之处和建议。撰写反思的不单单是中层, 所有参与此项工作的老师都需要撰写。

最后, 负责的中层干部将策划案和反思放在电脑中的同一文件夹中, 以便下次再做同样的工作时可以继续深化完善, 将反思中提出的成功之处继续保留, 不足之处予以删除, 建议在可行的前提下加入到新的流程图中。这样屡次反复完善后, 这项工作将会做得越来越到位, 渐趋完美。

(二) 总结一周一次: 在细节中见管理

细节, 是一种管理文化, 细节之中见大道, 细节之中见管理。为了培养中层关注细节、做好细节、具备反思的习惯和能力, 我们部门每周在部门会时进行小结。小结分四部分: 一周工作成效、一周问题梳理、寻找一周感动、下周工作展望。

一周工作成效: 对自己分管的工作进行整理, 既是对过去一周工作的小结, 也是对部门工作的一份肯定, 在回顾中更清楚地了解本周工作的完成情况。

一周问题梳理：人无远虑，必有近忧，回顾一周工作中存在的问题，对本周工作开展中的困惑、问题进行梳理，在梳理的过程中反思自己的管理行为，为下一步的整改做好准备。同时，这样的回顾，也能使我们迅速发现我们部门在运行中存在的问题，能在尽可能短的时间内解决。

寻找一周感动：会感动的人会更好地珍惜生活，会感动的人会更好地服务于他人。我们中层干部必须搜集老师们在日常工作中带来的感动，关注各类不经意间展现在我们面前的美好事物，将我们内心的感动呈现给全体教师，共享美好心情。这既能促使我们中层干部用更敏锐的眼光去发现和关注学校里老师们涌现出的美好，同时也让老师们深切感受到自己的付出引起了大家的共鸣，让每一个老师都逐渐感受到在学校里自己不可或缺。

下周工作展望：凡事预则立，不预则废。明确下周展望，是为了下一周的工作有预见性、有可操作性、有可检查性，能分清轻重缓急，更加明确工作的目的性，从而合理地分配一周的工作时间，提高工作效率。也只有树立了"先紧后松"的工作理念和习惯，逐渐养成有序工作的习惯，中层的工作才会更高效、更轻松，从而渐渐养成一种积极的工作方式。

"一周一结"工作制，促使我们学会了关注细节、学会了反思、学会了提炼，培养了敏锐的观察力。同时，每周一个总结也使我们每学期的工作总结变得易如反掌，高效高质。

（三）汇学年鉴一年一册：尊重师生的付出

工作量化，肯定教师工作中的点点滴滴，无疑是最尊重教师们辛勤付出的一种做法。鉴于这个理念，学校在每学年结束时，为每位教师送上一本汇学年鉴，将全校教师在一学期中所做的点滴以看得见、摸得着的方式，通过"汇学年鉴"这个载体进行全程展现。

这本汇学年鉴记载整个学校一学期所有工作，细致到老师、学生、家长参与的每一项工作或活动。通过这本册子，老师们能清楚地了解这一学期学校开展的各项工作情况，以及自己在学习工作中的贡献力度。

三、结语

海尔集团张瑞敏说过，能够把简单的事情天天做好就是不简单，把公认容易的小事情做到极致就是奇迹。"三个一"程序化管理策略就是努力追求将学校日常管理中看似简单的事，引导我们中层干部做细、做实、做好、做到极致，并同时学会反思、学会提炼，让它逐渐成为中层管理者的一种自觉行为。久而久之，这样的管理就会内化为团队的思想品质，最后呈现出一种自觉内生的行为文化，从而使中层管理者成为学校高效、有序、科学发展和内涵发展的重要推动力量。

现代中学教学管理[*]

  教学管理是学校管理工作的重要组成部分，主要通过组织与协调，充分发挥教师的积极性、主动性和创造性，不断提高教学效率，努力实现教学目标。本文针对中学教学管理问题阐述了几点个人看法。

  随着我国教育改革的不断深化，素质教育的全面展开，课程结构、课程管理以及课程实施和课程评价等方面都发生了深刻变化。而在新形势下如何结合学校教学改革和教研的实际情况，制定科学有效的教学管理方案，以有利于促进和推动新教学大纲的实施，这是我们从事教育事业人员所应引起重视的关键所在。下面将从笔者的角度浅谈现今中学教学的管理现状及所应采取的相应对策。

一、中学教学管理现状

  很多学校制定了严格的教学管理制度，有些学校要求各科的任课老师提前一周甚至两周备课；有些学校要求各班主任在每天学生上课前必须到班或在自己没有课时任务时刚性坐班；更有甚者在有的学校对每一次的测试结果任课老师必须填写总结报告。对此我们不禁要问："制度越严就越有效吗？"

————————

  * 本文作者陶琦，徐汇中学教师发展中心副主任，高级教师。

在教学常规管理中，没有制度肯定是不行的，但光靠制度约束也是不够的。因为制定制度的根本目的，是要把教学的管理制度内化为教师的自觉行为习惯。因此，不能为了有规章制度而制定制度，因为制度的有和无、宽和严始终是相辅相成的关系，而学校的管理制度所追寻的最终目标应该是没有制度，只有教师良好的行为习惯。

然而纵观当前大多的中学教学常规管理现状，不难发现大多数学校在教学常规管理中存在着制度多而严，但制度始终得不到落实，或是重常规的检查而轻视对常规的指导以及教学个案分析针对性不强、干部执行常规管理不够和常规制度陈旧等问题。因此，要解决这一系列的问题必须加强中学教学的管理工作。

二、加强中学教学管理措施

（一）教学管理始于指导思想

2014 年教育部印发《关于全面深化课程改革落实立德树人根本任务的意见》，提出"教育部将组织研究提出各学段学生发展核心素养体系，明确学生应具备的适应终身发展和社会发展需要的必备品格和关键能力"。

核心素养是党的教育方针的具体化，是连接宏观教育理念、培养目标与具体教育教学实践的中间环节。因此，教学管理特别是教学常规管理必须以此为指导思想，以新课程改革为突破口，改变教育观念，狠抓教学管理，强化质量意识，积极进行课题研究，努力推进课程改革。同时，结合新教材内容和我校学生实际，以培养学生创新精神和实践能力为目标，灵活扎实地搞好教学的实践活动，并积极开展对外交流活动。

（二）教学管理重在制度落实

有一句名言说得好："再简单的招式练到了极致就成了绝招。"以此引申到我们的教学管理中，教学常规管理就是所谓的简单招式，而是否能把这简单的招式演练成绝招，这往往决定大多数中学的教学管理的成绩。怎样使其真正地落实？我认为需要做到以下两点。

1. 实实在在抓细节

例如，严格把控大型考试命题、阅卷质量，重视质量分析，从而提升教学质量。

首先，保证命题质量。命题人以教研组长、备课组长、学区工作室主持人、校级以上骨干教师为主，并由教研组长担任审卷任务。命题人必须以课程标准为依据，以考查学生基本知识、基本技能为主，同时注重综合应用能力的考察，确保试卷的科学性和有效性。同时，要求命题人、审卷人，对于试卷的打印稿、油印稿多次审查，并落实签字制度。工作看似烦琐，但这样能确保试卷万无一失。

其次，保证阅卷质量。要求命题人在命题的同时编制相应的参考答案，并于阅卷当天参与备课组内评分标准讨论，确保阅卷评分质量。

最后，重视靠后分析。注重对大型考试后各年级、各教研组的质量分析与反思。任课教师、备课组长、教研组长分别从三个层面进行质量分析，并于年级组分析会及教研组活动时对命题、试卷的达成度，学生掌握情况及教师教学的情况进行深入研究分析。教研组长结合分析情况，找出问题所在、寻求解决方案、与相关教师交流后成文上交，促进教学质量提升。

一个学校在发展的过程中，特别是在创品牌的过程中，细节的管理十分重要。无论有怎样辉煌的目标，但如果在某一个细节处理上不能够到位，都会被搁浅，而导致最终的失败。从"大处着眼，小处着手"，在细节上较真，才能达到管理的最高境界。

2. 分级管理抓重点

提高教学质量、加强师资队伍建设，始终是学校的重点工作。做好教学常规工作的管理，必须向课堂要质量，而要将有效教学落到实处，必须从管理抓质量。围绕学校教学计划指导，实行从学校到教研组再到备课组的分级管理，确保各项工作的顺利展开。

首先，由教研组长制订切实有效的工作计划，提高教研组长教学管理的质量意识和责任意识，充分发挥教研组长在教学研究和教学实效上的示范和引领作用。各教研组根据教学五环节制定教研活动，成系列、有主题，踏踏实实地抓好教研活动（备课、说课、上课、命题、说题、作业研究、质量分析等）。并且每学期进行一次校级以上公开教研活动。

其次，不断发扬备课组集体备课的优良传统，以备课组活动为抓手，切实把好备课组教学质量关。同时在"基于课程标准教学的区域性转化与指导策略研究"的项目引领下，进一步加强备课组研修活动，细化教学目标、优化教学策略，不断提升集体备课的有效性。

所以，我们可以从抓教研组和备课组的有效教研入手，分级管理，层层深入，提升教研组长的教研能力、强化备课组长管理，以教研促教学，把好学科教学质量关，提高师资队伍质量。

（三）教学管理必须理性创新

面对变革的时代，教学管理也需要有创新。但是改革创新必须和坚持常规相互统一。所谓的坚持常规，就是保持原来良好的学校管理制度以及优秀的传统文化习惯，或是原本有效的教学方法和学习技巧等。而它不单单是一所学校历史文化沉淀的巨石，更是这所学校向前发展的强劲动力。在学校管理中，不能把改革创新理解为全盘否定常规，否则就违背了社会的发展规律，不切实际。因此，中学教学管理工作必须注重理性的创新。

例如，在促进青年教师成长，提升教学基本功的实践中，学校的传统方法是，每学期在青年教师中开展课堂教学大比武。而每次都是这些教师进行课堂比赛，一方面容易产生倦怠情绪。另一方面，随着青年教师的大量引入，大量的课堂比赛也消耗了管理者的精力。基于上述原因，可以做出理想的创新，尝试换一种新的形式"说题"进行教学能力的比武。

说题，就是把审题、分析、解答和回顾的思维过程按一定规律一定顺序说出来。教师"说题"能促进教师加强对试题的研究，从而把握中高考命题的趋势与方向，用以指导课堂教学，提高课堂教学的针对性和有效性。说题前，教师要进行一系列的准备工作，例如，仔细查阅相关资料，认真学习相关的理论，深刻研究学科知识结构与分类，选择有价值的试题，掌握关于试题的来源、试题考查的目的、考查的知识点，等等。通过这一系列活动，有利于提高教师的学科素质，同样达到提升教学基本功的目的，而且，降低了青年教师的倦怠情绪。另外，有些有新意的活动也为能教研组建设带来新的活力。

（四）教学管理需要主动学习

管理者要善于主动学习，带领出一个善于学习的教师群体。管理者在不断学习经验中掌握先进的理念，在学习中改变教育理念，在借鉴各级各类学校的经验中树立正确的教育观，在与教师一起的培训、教研、教学活动中获取鲜活的教学观。管理者只有坚持在长期的学习中才能把实践的经验和理论的智慧精妙地结合起来，创造出具有学校特色的新鲜办法、新鲜语言、新鲜思想和新鲜经验。

管理者要梳理学校的工作思路，理通学校出现的难题，理透教师的思想情绪。管理者应思想进步，处事科学。需要经过总体的论证，方能使管理准确无误。把管理放在教育改革理论的大背景下去论证，看中学教学管理工作是否符合时代的潮流、科学的规律；把中学教学管理工作融于学校工作的具体情况中去论证，看中学教学管理工作是否符合学校的客观实际；把中学教学管理工作置于工作中去验证，看中学教学管理工作是否切实可行。中学教学管理工作要有情感性，以理服人、以情感人、理与情的巧妙结合可以收到良好的效果。常规谈心是管理工作中的一项基础性工作，要经常性找各岗位、各类型教工谈心，交流思想，增进感情。

综上所述，教学管理工作是学校管理工作的重中之重，是衡量学校成功与否的标准。教学管理工作中的每一个部分都是环环相扣、不可缺少的构成要件，而在这个体系中若是把它分割开来可以明确地看出，它就是我们每一个教育工作者相加的总和。我确信，只要我们每一位教育工作者在自己的环节中积极做事、认真工作，以符合社会的发展观作为自己的行为准则，把自己的事做细、把工作做到位，我们的中学教学管理一定会得到整体的提高。

徐汇中学行政会问题提议单

部门：徐汇中学（南校）教师发展中心

提议人：卜时波　　　　时间：2019 年 3 月 1 日

问题名称	个别学科课堂纪律涣散需加强课堂纪律管控
问题呈现描述	从上学期至今，逐渐发现个别学科的课堂纪律涣散，教师对课堂纪律管控效果不佳 课堂纪律涣散的问题，主要集中在跨校区兼课教师的课堂内 外出上体育特色课的课堂纪律也日渐堪忧
问题追因分析	教师方面：因为跨校区教师平时不常驻，往往一个教师上半天班，上完课就要赶回总校。一旦学生课堂纪律出现问题，他们没有大量的课余时间来集中整治课堂纪律或个别教育学生 学生方面：久而久之，学生认为教师对课堂纪律是不重视的。起先个别学生的坏习气会很快影响整个班级的上课风气
问题处理 责任职能部门	1. 徐汇（南校）教师发展中心 2. 徐汇（南校）学生发展中心
解决问题建议	1. 下周开始，对课堂纪律涣散的学科，进行听课 2. 外出上体育特色课的课堂纪律由带队教师加强管控并记录，收队回来及时向班主任汇报 3. 加强跨校区兼课教师队伍建设，提高教师的教育责任心及教育管控能力，保证教学质量 4. 加强南校学生日常行为规范教育，使他们早日养成良好的听课习惯
问题解决反馈	1. 南校区学生发展中心和教师发展中心联袂对个别存在课堂纪律问题的跨校区教师进行听课。与教师交流反馈，及时引导 2. 南校区学生发展中心从年级组、班主任一路制定学生课堂行为规范细则，有效实施课堂纪律规范化管理。问题单提出一个月后，个别跨校区教师课堂纪律涣散的问题基本上得到解决

徐汇中学行政会问题提议单

部门：徐汇（南校）学生发展中心及教师发展中心

提议人：盛军、卜时波   时间：2019 年 3 月 29 日

问题名称	南校学生课间以及体育课上的意外伤害问题
问题呈现描述	1. 学生在课间休息时上下楼梯一不小心就摔倒，造成身体伤害 2. 学生在体育课运动期间和间隙非常容易受到非运动型身体伤害 3. 学生在午间操场自由活动时多次受到身体伤害
问题追因分析	1. 学生在活动过程中缺乏自我保护意识以及自我保护技巧 2. 学生在活动中纪律意识不强，容易嬉闹争斗从而导致意外发生 3. 校园内有些区域的警示标志缺乏或不清晰
问题处理 责任职能部门	1. 徐汇（南校）学生发展中心 2. 徐汇（南校）教师发展中心
解决问题建议	1. 请医务室和体育老师联合开设针对学生活动中的增强自我保护意识培养和提高自我保护技巧课程，每学期两次，时间在开学初和期中 2. 利用班会、校会以及出操时间多方位、高密度加强安全纪律教育 3. 在家长会上对家长提出要求，配合学校一起进行校园安全教育 4. 对校园内的安全警示标志进行检查，补缺补漏
问题解决反馈	1. 通过卫生老师、体育老师对运动过程中自我保护等措施以及运动过程中产生的伤害问题的自我急救等相关知识的教育培训，学生在这方面的能力有了一定的提高，学生伤害事故发生的频率有所降低 2. 对校园内的安全警示标志做了更多的补充和完善

六、学生管理

初中班级自主管理模式初探[*]

在知识经济快速发展的时期，初中生自我意识越来越强烈，初中生的自主管理既符合学生的心理特点，也符合社会发展对人才的客观要求，班级自主管理的重要性和必要性已得到人们的认可，因而从班主任的角度，应该如何做，进而实现班级自主管理，是本文关注的焦点。基于上述现状，本文重点从前期建设、中期完善和后期督导三个阶段，分别说明班级自主管理的实施策略，也指出班主任在管理时应注意的要点。

一、引言

当前，我国正在进行新一轮的基础教育课程改革，《国家中长期教育改革和发展规划纲要（2010—2020）》指出，"学校教育应坚持能力为重，强化能力培养"。很明显，此次变革的目标是要突出学生的主体地位，强调学生的全面发展，重视培养学生的独立性和自主性。随着新课改的不断推进，人们逐渐意识到，传统的教师道德说教的管理方式已不能适应新时期学生的需要，追求学生自我教育、自我发展的班级管理

* 本文作者盛军，徐汇中学学生发展中心主任。

方式已成为广大家长及社会对学校教育的殷切希望。因而，班级自主管理也应当适应新课改的理念及要求，以培养学生的自主管理能力、自主学习能力、自主发展能力为目标，创造一切条件为学生的自主成长提供相宜的土壤和空间，使学生的自主发展可以得到最大程度的实现。

二、班级自主管理的实施策略

（一）班级自主管理的前期建设

前期建设是班级自主管理的奠基阶段，是班级自主管理的第一步，也是最重要的一步，此阶段的成效直接关系到班级自主管理的实现，这一时期的主要任务是构建班级自主管理的框架。由于这一阶段自主管理模式尚未成型，自主管理机构还不健全，学生缺乏自主管理的意识、经验和能力，同时，班级自主管理作为一种新的管理理念，与以往的班级管理理念有很大的差别，所以这一阶段班级管理特别容易出现混乱的现象，因此班主任要在此时充分发挥主导作用。在此阶段，教师应不断强化学生的自主管理意识，提高他们的自主管理能力，同时引导学生完成制度、人事、文化等方面的建设。

这一阶段还是学生自主管理意识的培养阶段。班主任要让学生懂得自主管理的意义与方法，针对学生干部在自主管理过程中的特殊作用，对班级管理干部进行定期分批的培训，使他们具备一定的组织和调控能力。尊重学生人格，信任学生能力，赋予学生选择权，提高自主管理意识，加强反思教育，让学生从"我被人管"到"我管自己"。这一阶段是学生自主管理的制度建设阶段。班级制度建设应真正做到"从学生中来，到学生中去"，整个制度体系由学生自己组织制定，制度确认后也是学生自己去参照执行。这一阶段也是学生自主管理的人事建设阶段。班级中实行责任制，班级管理的责任具体到个人，并设立相应的职务。此外，教师应选择一些责任心强、热心为同学和班级服务的学生担任班级的班干部，并合理安排岗位。

（二）班级自主管理的中期完善

班级自主管理的中期是班级自主管理的适应期，此时班级自主管理已初步成形，班级管理基本步入正轨。这一阶段，班委会和其他管理协调组织已趋于稳定，各项规章制度已逐步被同学接受并遵守。教师对班级里面每个学生都已经有了较详细的了解，学生之间也有了一定的了解和信任。通过不断地调整，班级的学生领导核心已经初步形成，班级学生自主管理的组织架构已基本建立。大家在内心中对自己所在班集体以及班干部的管理有了一定程度的认同，学生的自主管理意识和能力均有所增强和提高。这一阶段班主任要做好以下几方面的工作：

1. 做好班级常规工作的引导

经过初期建设，学生的自主管理能力虽然有了一定的发展，但是管理经验还比较匮乏。如果班主任只是强调让学生自主管理，而忽视必要的引导，那么，班级管理就可能出现混乱无序的现象。这就要求我们教师仍然要不断加强对学生自主管理工作的指导，要对尚不成熟的工作给予一些特定的建议，甚至有时还要给班里做出一些特定的部署和安排。

2. 继续培养班级管理的核心力量

班级管理的方式可以是多样的，但班级管理要有自己稳定的核心管理力量，班级管理的核心力量是落实班级自主管理的主要依靠力量。班级自主管理奉行"人人都是管理者"的原则，但管理者之中也应该有一批相对稳定的领导者。有力的班级干部班子是班级和谐稳定、班级管理有效进行的保障。教师要大力支持班干部的管理，鼓励他们大胆开展工作，并着重培养班干部的自主管理能力，教给他们班级管理的方法，有意识地帮助他们在班级中树立威信，向他们提出管理目标等。同时，通过前一阶段的观察，老师与学生之间、学生与学生之间已经有了比较深入的了解，班主任还应倡导其他同学也要积极地参与到班级的自主管理活动当中来。教师可以根据学生的能力水平或兴趣爱好给他们分派不同的管理任务，让所有学生"有事可做"，从而形成一种齐心协力、师生共管的良好局面。

3. 总结初期的建设经验

班级自主管理的中期完善是对前期建设的维护和发展，是班级自主管理制度确立和成型的重要保证，这一阶段，班主任一定要做好前期建设经验的总结工作。在这一阶段，班主任除了履行好监控班级管理的职能，积极强化学生的自主管理意识和责任意识，发展学生的自主管理能力之外，还应认真总结前期的建设经验，就前期建设中存在的问题，交流讨论，提出尝试性的补救措施，为班级自主管理的后续研究积累经验和资料。

（三）班级自主管理的后期督导

班级自主管理的成熟期即为学生自主管理的实现阶段。这一阶段班级的自主管理制度体系已较为完善，自主管理完全步入正轨。通过前期的努力，班级已经具有了健全的组织机构与规范的班级制度，也具有了正确统一的舆论导向、积极进取的班级氛围和团结协作的人际关系。在班级管理过程中，学生能够自主地确立班级发展目标，能够自主地支配自己的管理行为，并能够以适当的方式实现自主选择的目标。这一阶段，班主任应注意以下方面：

1. 把握班级发展风向

班级自主管理发展到成熟期，自主管理模式已相对完善，班级管理的权力已逐步下放到学生的手中，自主管理完全步入正轨。这一时期，班级常规管理已基本由学生完成。这一阶段班主任应由幕前退居到幕后，把自己的工作角色定义为检查与监督，主要是对班级的管理情况进行监控、启发、协调和帮助，班主任的监控权主要表现在对班级发展风向的把握上，指导学生制订活动计划并协助实施，监督班级常规工作是否有效，检查班级发展的目标是否实现，班级发展后续目标是否合理等。同时，班主任还要对班级管理现状进行监督，查漏补缺，对学生管理中出现的问题进行"修补"。班级管理是师生共同参与的管理，班级自主管理发展到后期阶段也离不开教师和学生的共同活动。班主任应协调各种关系，尤其是学生之间的人际关系，使学生干部和同学们少干错事，少犯错误。在重大问题上，班主任必须进行指导和决策，把握大方向，对班委会的工作方向、工作方法、班级活动的原则和方法进行监督指导。

2. 鼓励学生管理创新

班级自主管理发展到成熟阶段，班级管理制度已比较符合学生的需要，学生的自主管理能力也有很大提升。对某一特定的班级管理项目，主管人员是最有发言权的，他们可能会在实际管理的过程中，发现新的问题，或对管理会有新的感悟。此时，班主任要懂得将班级管理的权利全面下放给学生，经常对班集体进行激励与评价，在保证班级和谐稳定发展的同时，鼓励学生大胆地对班级自主管理工作不断进行探索和创新，实现班级自主管理的与时俱进。这样，班级的自主管理才算真正地落实到位，才算进入了成熟阶段。

三、实施班级自主管理的注意点

（一）班主任的教育和管理手段需根据情况调整

班级自主管理需要班主任在不同的时期承担不同的角色。在最初的阶段，学生能力普遍较弱，班主任是班级的主导者，要从多方面帮助学生培养管理的能力。在学生基本学会如何进行班级自主管理的阶段，班主任是辅导者，要及时发现学生的管理中出现的问题并指点迷津。在成熟阶段，班主任退居幕后，成为班级的精神核心和方向引导者，让班级管理达到形散神聚的效果。因为角色的不同，教育和管理的手段自然要随之调整。初中学生毕竟是未成年人，未成年人不可能完全依靠自己的力量管理好自己。班级自主管理不是教师放任不管，也不是学生分完任务就万事大吉。相反，班主任要对学生和全班的情况有更全面和深刻的了解，在充分尊重学生的自主性的前提下，根据具体的班级状态采取不同的教育和管理手段去指导和引导学生，合理放手但不放任，处理好对学生的"扶和放"，采用某种简单固定的手段是无法完成真正的班级自主管理的。

（二）完善学生班级自主管理的评价机制

传统的学校评价制度是制约班级自主管理发展的因素之一。传统的学校评价体系，注重惩罚、扣分，对于不符合学校规定的不规范行为给予处罚。而在班级自治的管理背景下，作为管理主体的学生在管理过程中，是被允许犯错的。新课程标准明确提出"恰当运用多种评价方式""注重评价主体的多元与互动"的观点，认为"评价的目的是促进学生的发展"。"作为一种全新的班级管理模式，班级自主管理应当有与其相匹配的评价方式，坚持多元评价，实现教师评价、家长评价、同学互评、学生自评等多种评价形式的有机结合。"多元的评价体系对于保证学生的思想道德素质的发展有很大的作用，也可以有效地防止"个人中心""自律与他律"等问题的产生，保证班级自主管理的成果。

（三）保证班级自主管理的长效性

班级自主管理并不是为了管理而管理，可以看作是为了达到教育目的而采取的一种手段。但毕竟班级的管理任务还是比较固定的，只涉及管理学习、管理纪律、管理卫生劳动和文化活动等几个方面。参与管理的时间久了，学生确实会提高对班级事务的管理能力，也的确能够养成各方面的好习惯。但达到熟练阶段后，学生们会出现动力不足的情况，班级自主管理也会变得停滞不前。一旦停滞了，学生的需求就不能再得到满足，就又会出现这样那样的问题。因此如何保证班级自主管理达到成熟阶段后仍有源源不断的强大动力也是需要仔细考虑的问题。

四、结语

班级自主管理的起点是"人"，归宿也是"人"，这非常符合初中学生的成长和发展规律，能够充分发挥学生的智慧和潜能，是全面提高学生素质的有效途径。实施班级自主管理，使每一个学生不再只是被管理的对象，而是都成为管理的主人。班级自主管理突破了传统教育中保姆式、警察式管理的局限，实现了科学管理与人文管理相结合，为学生的自主发展提供了广阔的空间，对学生考入理想的学校、走向社会都起到了很重要的作用，为他们走向工作、与人合作打下了坚实的基础。

参考文献

［1］联合国教科文组织国际教育发展委员会. 学会生存［M］. 北京：教育科学出版社，1996.

［2］钟启泉. 班级管理论［M］. 上海：上海教育出版社，2001.

［3］赵福庆，王立华，徐铎厚. 自主管理——创新教育的制度构建［M］. 济南：山东教育出版社，2005.

［4］袁川. 班级自主管理结构模式探析［J］. 教学与管理，2009（9）.

中学生社团管理摭谈*

中学生社团是校园文化的重要载体，也是学生自我管理、自我发现、自我发展的平台。要使学生社团活动符合时代的需求，紧紧围绕学校的育人目标，真正提升学生的综合素养，就必须加强社团规范化、科学化的管理。本文通过对徐汇中学学生社团发展现状的研究，提出存在问题，规范并创新社团的管理，使学生社团在繁荣校园文化和推进学生素质教育的进程中发挥出更加突出的作用。

苏霍姆林斯基曾经提出要把学生培养成为"全面和谐发展的人，社会进步的积极参与者"，我们要把学生培养成符合社会发展需要的人才，这也是教育的终极目标。新时代需要的是具有创新能力、实践能力的多面发展型人才，这就要求学生在教育的各个方面发挥主体作用。中学生社团活动是学生充分发挥主体性、创造性和培养学生综合能力的有效载体。

一、研究概况

（一）研究目标
学生社团是校园文化建设的一个重要组成部分，是校园文化建设的

---

* 本文作者顾卫君，徐汇中学学生发展中心副主任。

重要力量，是学生实现自我教育、自主成长的有效途径和手段，社团活动的开展已成为学校德育工作和共青团工作的重要内容。但是目前学生社团的活动仍然存在不少问题，社团的制度、管理等建设还需加强，因此加强学生社团的建设，规范并创新对社团的管理，进一步推动学生社团在校园文化建设中的影响力，是值得深究的一个课题。

（二）研究内容

本文主要以自己所在的徐汇中学社团开展情况作为研究的对象，以点带面地研究学校社团的功能作用、发展现状和存在问题，提出如何规范、科学、创新地管理学生社团的有效建议，增强社团在培养学生自主意识、提升学生综合素养、繁荣校园文化和推进学生素质教育等方面的积极作用。

（三）研究方法

1. 文献法

查阅有关于学生社团的文献资料、专著、论文等进行参考。

2. 个案分析法

以本人所在的徐汇中学的学生社团管理、实施为研究对象，进行以点带面的研究。

3. 行动研究法

通过本人亲自参与学生社团的建设和管理，以实践为途径，探索学生社团活动的发展规律和管理的有效途径。

二、学生社团活动的意义

学生社团是现代教育中的新型教育模式。这种学生自我教育、自我发展的教育模式，突出了学生的主体地位和作用，强调主体间的精神沟通。社团活动越来越成为学生自我教育、适应竞争社会、迎接未来挑战的重要平台。具体来说有以下两个方面的作用：

（一）学生社团活动对校园文化的促进作用

校园文化是以学生为主体，以校园为主要空间，以育人为主要导向，以精神文化、环境文化、行为文化和制度文化建设等为主要内容，以校园精神、文明为主要特征的一种群体文化。

健康的校园文化，可以陶冶学生的情操、启迪学生心智，促进学生的全面发展。校园文化的建设落实到不同的层面，丰富多彩的社团活动给校园文化带来了勃勃生机。社团开展各种有益身心、具有创造性的活动，让更多的学生发现自我、展现才华、分享快乐、获得成功，成为校园正能量的传播者，良好校风学风的推动者，主流文化的弘扬者。开展学生社团活动是学校推行素质教育和加强学校文化建设的需要。

（二）学生社团活动对学生个人成才的作用

1. 学生社团活动，有助于培养正确的价值取向

一个好的社团，社员能通过参与社团的活动和管理等途径，紧密地和社团、学校联系在一起，社团活动为学生提供了施展才华、增强道德修养的重要舞台。如理论学习类社团，可以让学生对理论的学习逐步走向自觉，树立正确的价值观、人生观和世界观，进而影响身边的同学，弘扬正能量。社团也可以联合社会实践基地，精心制作志愿服务方案，改被动接受为主动服务，弘扬奉献精神。中学生社团活动可以培养学生良好的思想道德、政治素质和准确的价值取向。

2. 学生社团活动，有助于促进学生的身心健康

随着社会的飞速发展，学生面对的竞争也越来越激烈，作为一个现代化的人才，必须要有良好的身体和健康的心理。通过社团活动，既能帮助学生锤炼意志，又能让学生体会成功，感受快乐和友爱。如心理健康类社团通过心理测试、心理学讲座、心理学电影放映、开展疾病心理学专题活动等形式，普及心理知识，关注学生的心理健康；篮球、飞镖、足球、羽毛球等体育类社团能帮助学生强身健体；舞蹈、文学、戏剧等文艺类社团有助于培养学生的审美意识，提升学生良好的行为

修养。

3. 学生社团活动，有助于培养学生的创新精神

社团是最富有实践性和创造力的学生组织之一，它为我们创新能力的培养提供了实践的平台，也使社团成员的创新能力在活动中接受了实践检验。通过社团组织的各类竞赛，互相探讨，激发出思维的火花，学生的创新水平由此达到新的高度。特别是随着科技的发展，科技工程型的社团日益增多，学生利用课内外的专业知识进行实践，打破学科界限，充分发挥自己的创造力，提高自己的创新能力，为成为 21 世纪的创新型人才全面地打好基础。

4. 学生社团活动，有助于学生自我教育和发展

世界上没有才能的人是没有的。问题在于教育者要去发现每一位学生的禀赋、兴趣、爱好和特长，为他们的表现和发展提供充分的条件和正确引导。学生社团是由学生自发组建的相互协作的团体，具有自主性的特点。学生依据自己的兴趣和特长、自发组织，经过建团申请、审批、拟定计划等程序，自愿组成社团，社团的规章制度也是由社团成员共同参与讨论制定。社团的活动由学生主导，教师辅导。每一届社员的招聘都是自主招聘，自主选拔。学生也可以根据自己的需要自主选择社团课程，在参加一段时间的社团活动后，也可以更换社团。开展社团活动，有助于培养学生的主体意识，锻炼学生的自我管理能力。

三、徐汇中学社团的现状和存在问题

（一）徐汇中学社团活动的现状

徐汇中学目前有 32 个社团，可以分为校园文化、健康生活、工程素养等三大类（见表 1）。社团活动时间安排在每周五的 15：45—17：00。一学期活动不得少于 13 课时，社团活动以学生自主活动为主，以指导老师辅导为辅。社团种类丰富，参与社团的人数有近 600 人。每学期会成立新的社团，并进行社员的招新。

社团获得过不少荣誉："羽毛球社"曾获得徐汇区明星社团的称号；经济社曾经获得 2015 年区优秀社团、2015 东昌高中生经济论坛团体优秀组织奖；辩论社 2016 年荣获第二届徐汇区"光启杯"辩论赛的冠军，第三届获得了亚军。社员个人获奖也不少：OM 社的社长曾夺得第 28 届中国上海头脑奥林匹克创新大赛高中组二等奖等；现任的科学创新社的社长也曾获得过上海市创新大赛一等奖；模联社多位社员在"模拟联合国大赛"中获奖，等等。

表1　徐汇中学社团分类一览表

校 园 文化类	模联社、古风社、阿卡贝拉社、轻音社、国乐社、现代舞社、戏剧社、影视社、动漫社、几何折纸社、中二漫想社、文学社、法语社、书画社、电音社
健 康 生活类	心理社、桥牌社、篮球社、足球社、飞镖社、羽毛球社、辩论社
工 程 素养类	根与芽社、军民科技研究社、OM 社、经济社、化学社、无人机社、物理社、科学创新社、生物社、3D 打印社

（二）徐汇中学社团存在的问题

随着社会的发展和中学教育改革的深入，还有学校的扶持，学生社团呈现出蓬勃发展的趋势，以徐汇中学为例，从 2011 年至今，社团由 11 个发展到了 32 个，从技能型到文体型到工程素养型等，涵盖了学生不同兴趣不同层次的需求，大大地丰富了校园文化。但是通过调查、分析和整理，发现整个学校的社团在发展中也存在一些问题，具体如下：

1. 社团种类不够丰富，各社团发展不均衡

虽然学校有 32 个社团，但是种类还不够全面，比如学术型、理论型社团没有，工程素养型的相对较少，社团的类型不能完全涵盖学生的需求，但有的社团发展得很迅速，如经济社，模联社、辩论社、军民科技研究社。有的社团由于场地、学生的兴趣爱好等原因而无法更好地发展甚至呈现颓势。

2. 社团管理不够细致，社团影响力有欠缺

虽然已经制定了相关章程，并告知所有社长、社员，但是执行得不够到位，虽然有巡检干事，但是仍有极少部分社团出现自由散漫、纪律较差的情况。缺乏在区里有影响力的社团，社团活动在学生中的辐射影响力还有欠缺。

3. 社团活动形式单一，缺乏长期发展规划

社团每学期初要确定活动计划，但是有的社团只是停留在为活动而活动的层面，没有长远的社团发展规划，前任社长和后任社长之间的衔接不够紧密，导致有些社团处于逐渐没落的状态。如文学社团，在2010—2014年，文学社团处于鼎盛时期，社团迅速发展，每月出一期高质量的社刊，校刊《砾石》深受师生欢迎，还举办了高规格的全市示范性高中的文学联盟活动等。而现在只能维持正常活动。

4. 社团的开放性不够，专业内涵有待加强

社团活动基本局限于校园内，以社长组织为主，校际的交流和沟通相对比较欠缺。社团缺乏专业的指导教师，除了飞镖社、街舞社、经济社、化学社、3D打印社、生物社、辩论社，其他的社团都没有具体的指导教师。缺乏专业指导，使社团活动内容内涵不够深入。

四、加强学生社团管理的方法

随着学生社团的快速发展，必须要形成一系列的管理体系，形成新的管理文化。学校有效管理和社团自主管理有机结合，是社团活动有序开展的必要条件。

（一）完善管理体制，推动长效发展

"没有规矩不成方圆"。规矩即规章制度，是用来规范我们行为的规则、条文。建立科学的严密的规章制度，是保证学生社团健康有序长效发展的基础。每所学校都应该制定社团管理章程，完善社团的申报制度、培训制度和评价制度；每个社团要制定活动章程，设计社团活动手

册，及时记录社团的会议、活动内容、活动照片、获得荣誉等。

如徐汇中学团委制定并完善了《徐汇中学社团管理制度》，包含了社团的建立、社团及社长的管理、社团普通成员管理、社团活动管理、社团评级、社团的奖惩和解散等条例，并要求各个社团组织切实地落实。每次社团活动有计划、有记录、有反馈；定期召开社长会议，反馈一阶段的社团活动情况，并且表扬先进，对存在的问题进行整改和反思，确保社团的正常发展。规章制度的出台，使社团的组织管理进一步制度化、规范化。

（二）加强自主管理，发挥主体作用

1. 加强自我管理、推进自主活动

为了真正做到学生社团学生管理的自主运作模式，中学生社团管理应该建设完善的组织架构。学校应该实行"一星双环"的格局，在校党委（总支）、校团委的引领下，成立专门的社团管理部门。各学生社团也必须推选出社长，可以配有副社长以及组织、宣传等职能社团干部。

为了实行自主管理，徐汇中学设立专职社团管理部，分为三个小部门，分别为"巡检""宣传""协调"，各个部门由一名部长以及4名左右的干事组成。社团管理部检查并监督并设的社团是否正常运行，观摩社团活动内容，还要在网络平台上按照规章制度进行评分和总结，及时反馈问题。社团管理部还负责校内与校外联动，使各个社团发挥其特色，展现其魅力。社团内部的活动，也是由社长带头进行活动设计，自主选拔社内骨干，自主招聘新社员，自主进行社团内部的评价等。只有真正地放手让学生进行有效的自我管理，学生才能成为学习的主人。

2. 利用信息技术，完善管理平台

信息技术的出现和迅猛发展为社团的活动和管理提供了有利的条件。信息技术平台打破了时空限制，可以对所有的信息进行科学化的系统处理。除此以外，推行网络信息化，可以实现社团管理工作的高效、及时和公开透明。

如徐汇中学社团部创新使用了"社团 OA"电子化信息系统，将所有社团成员信息、活动信息全部收集保存在社团 OA 系统中。社团评级时，通过电脑系统计算每人参加活动的情况、社团活动的情况、出勤率等种种参数，评选出荣誉个人、荣誉社团等，予以鼓励。

（三）围绕育人目标，帮助个性发展

社团活动的目标和宗旨只有紧紧围绕学校的育人目标，中学生社团活动才能成为学校德育工作的有效手段。

仍然以徐汇中学学生社团为例，社团围绕把学生培养成"汇学型"人才的育人目标，将工程素养培养融入社团建设中，提升学生的社会责任感和实践能力。包括重在发展学生的独立思考能力、主动探究的意识和创新精神（荟学、会学）；用知识与能力奉献社会、用严谨科学的态度和作风服务于美好的生活（慧学）。围绕这样的育人目标，我们致力于：

1. 营造工程素养培育的社团文化氛围

学生社团是培养学生创新能力和实践能力的重要平台。学生在社团中参加各种各样的活动，邀请专家进行培训指导，益于活跃思想、启迪思维和激励创造。同时，各种社团拥有相对的活动自由，可以开办论坛交流，校际联合举办活动，拟办社团宣传期刊，有利于学生爱好的培养和发挥，促进学生完整人格的养成。

2. 建立并强化社团项目化管理的理念

为了使学生社团能够规范、有序、长期、稳定地发展下去，激励广大学生参与其中，从而达到学生课外科技创新实践的目的和效果，需要在社团课程中强化项目管理理念。通过社团课程项目的立项分析、邀请专家指导、中期汇报检查与结题验收等，能够让参与其中的有兴趣有能力的学生熟悉科研的全过程，掌握科学的思路和方法，激发学生主动学习的热情，解决理论与实践环节联系不够紧密的问题，进一步提升学生创新实践的能力。

3. 创新能力阶梯式培养的模式研究

通过社团课程培养创新型人才，可以工程素养培育为主线，逐步建立"创新能力阶梯式培养"方式。第一阶段为兴趣入门：进入社团、参加活动、激发兴趣。第二阶段为基础培训：导师培训、专业引导、夯实基础。第三阶段为技能提升：科研训练、确立课题，提升素养。第四阶段为高端引领：参加赛事、能力升级，提高层次。

（四）培养社团骨干，增强社团活力

在影响社团管理和发展的诸多因素中，人是最重要的因素，而社团骨干的领导力对于社团是否健康、有活力、持续地发展具有决定性的作用。要重视对社长的选拔和培养，选择具有优秀品质、对社团活动有热情、有高度责任心和有一定号召力的学生担任社团的管理者。

学习是提升能力的最佳途径。学校要开设培训课程，拟定培训计划，加强对社长和其他骨干的培训和指导，学习社团管理的相关知识、心理与人际交往知识以及本社团活动有关的专业知识。同时也要搭建平台，让本校社团之间和校际的社团之间进行沟通和交流，取长补短，不断地提升自我。

（五）形成三方合力，突出联动优势

在中学生社团发展过程中，学校、社会、家长是影响它的几个重要因素。学校是主体，制订合适本校学生的社团发展计划，提供丰富的资源，引导社团合理运作。而社会资源则是有效的补充和提升，学生社团应在立足校内的基础上，逐步走出校园，拓宽视野，丰富内涵；家长资源也是社团发展的坚强后盾和有力支持。

徐汇中学的经济社之所以在短短几年间发展迅速，和其丰富的高端的资源利用分不开。例如，由中国银行徐家汇分行的职员乃至行长每周五来授课，并提供参观考察和银行实习的机会；无涯国际副总裁开展职业规划讲座；JA 项目志愿者授课；建立经济学研究性课题；企业 CEO

进行"创业经济学"的授课；等等。这些措施使得经济社的活动内容丰富、内涵深厚，也和学生本身的事业规划结合起来。当年经济社的不少优秀社员，大学报考的也是和经济有关的专业。

学校也积极打造高校与高中社团联动机制，徐汇中学社团目前和上海外国语大学及上海师范大学共建，不定期地邀请他们来指导社团的活动。本学期已经联系并准备和复旦大学团委进行团组织结对工作，在学生社团活动上进行有效指导，开展具有专业特点和创新特色的研究性学习、科普讲座等活动。

学校的家长资源非常丰富，从年级到校级，各级家委会都愿意提供自己的资源，为学校社团的建设和发展出谋划策。整合并充分利用学校、社会和家长的有效资源是提升社团质量的极佳的途径。

五、结论

中学生社团日益成为推进学生素质教育的重要组成部分，是校园文化的重要载体，学生参与社团活动，是参与学校建设的一种途径。所以无论是从全面培养人才需要出发，还是从健全学生人格的角度出发，对学生社团进行有效科学的管理都是相当重要的。

社团管理要以学生为本，注重学生主体性的作用。当然，社团的管理是一个动态的过程，不断发展的过程，管理也要和社团发展的各阶段相适应。作为教育工作者，也要积极探索学生社团发展的新途径，促进中学生社团发展的全面繁荣。

参考文献

1. 康望晶. 中学生社团规范管理研究［D］. 兰州：兰州大学, 2010.

2. 李维. 当代大学社团的创新与发展探析［J］. 高教研究, 2011 (5).

3. 白雪峰. 加强学生社团建设　构建和谐校园文化［J］. 理论界，2007（3）.

4. 王秀芳. 中学生社团活动对校园文化的影响［D］. 南京：南京师范大学，2005.

少先队大队干部的培养策略[*]

培养少先队干部对于促进少先队发展，搞好少先队活动，促进少先队员全面发展有着重要的意义。少先队大队干部是队员中的"小管家"，是少先队组织中的"领头人"，大队干部的素质直接影响到少先队工作的开展。少先队干部队伍的全面发展，使少先队组织越来越有生命力。辅导员可以从打破常规选人才、创设平台推人才、明确队干部职责、加强队干部考核来培养我们的少先队小干部。

少先队是少年儿童的群众组织，是少年儿童学习实践的学校。少先队组织是学校德育工作开展的沃土，是少先队员自己的组织、红领巾活动的乐园，队员是队的主人，队干部是少先队的带头人。少先队大队干部是少先队组织中上联辅导员、下达少先队员的桥梁和纽带，是实现少先队员自我教育、自我管理、自我服务的具体组织者。少先队辅导员要充分利用少先队队干部的岗位，让更多的队员有机会做队的工作，实现自我管理，促进少先队干部的全面发展，使少先队组织越来越有生命力。

一、打破常规，广选"人才"

根据少先队队章要求，大、中、小队干部每学年要举行一次换届竞

---

* 本文作者郑静洁，徐汇中学学校发展中心副主任。

选活动，为了公平公正地选出少先队员们的"领头人"，一般的大队干部选举流程主要包括三个程序：（1）中队推荐候选人到大队；（2）候选人风采海报展示；（3）少代会进行候选人演讲及少先队代表进行投票。然而在多年的大队辅导员工作中，发现常规的选举办法选出的少先队干部有可能在现场竞选演说上极具感染力和号召力，回归到少先队工作上，则表现出主动性不够、组织活动能力较弱等劣势。怎样能够在确保民主的前提下，选拔出"得力"的少先队干部？在换届选举时我们还会遇到另一个问题：当老一届大队干部毕业后，新一届当选的干部对于大队部工作完全陌生，又需要大队辅导员重新培养，造成了青黄不接的困境。

近年来，我校采取大队部大队干事制，设立大队干事岗位。由起始年级各中队民主推选一位少先队员进入学校大队部，进行为期一学期的学习、工作。在这一学期中，这群稚嫩的大队干事，跟着我们的"老干部"们参与到少先队各项活动的策划和组织中，在合适的时机，"老干部"退居二线，让干事们尝试独当一面。通过一定时间的考验，这些队干部熟悉了大队部的工作，自身的能力得以展现，作为大队辅导员也能够在一旁觅得良才，不至于仅凭竞选演说而选出一个"绣花枕头"来。

二、创设平台，提升能力

少先队干部作为少先队活动组织中的核心，在活动中应该积极热情。辅导员应该给少先队员充分的活动时间、空间，为少先队干部搭建创设活动平台，在这个平台中，让少先队干部提升工作能力、发挥自身特长。"小荷才露尖尖角"，大队部为大队干部提供活动平台，大队干部主动参与设计，组织队员积极参加，充分培养了大队干部自主管理学校的能力。

现在是网络时代，我们的辅导员由于年龄的关系，在有些方面其实不如我们的大队干部。当公众号、APP大行其道时，在大数据时代日新月异的当下，正是队干部们自我发挥好时机。如何创建属于少先队自己的公众号？如何打破校园红领巾广播的围墙，让红领巾的声音传得更远？如何让我们的少先队杂志让更多的人看到？当我把这些话题抛给队干部后，引起了他们极大的兴趣。在忙忙碌碌了一个多月后，"汇学雏鹰"公众号发布了第一期，"汇学FM雏鹰广播台"亮相在"荔枝FM"APP中，少先队杂志《笨小孩》以网络杂志的形式发布。从寻找制作软件到搜集文稿，从录制设备调试到播音主持选拔，这一切，都由我们的队干部自己来完成。这些少先队的活动都成为他们挥洒自我的舞台，他们是少先队活动阵地的主人，而辅导员的角色定位则是在队干部遇到困难时帮一把，在每一项工作方案成形前多给一些建议，在活动后组织反思讨论，为下一次的活动蓄力。

三、明确职责，尽其所能

职责就是在岗位上的责任，也就是应该做的事情。只有每个小干部明确各自岗位职责，做到各司其职，各负其责，组织的运转才能高效。

每年新的少先队干部选举出来后，大队部就会下发《徐汇中学队干部标准》《徐汇中学少先队干部工作职责》。这两个文件已将大、中队干部岗位管理职责清晰地列出，让我们的队干部明确自己将要承担的责任，而我们的少先队辅导员要做的则是"扶上马，送一程"。少先队干部毕竟还是孩子，不可能在工作上做得完美，在工作中遇到困难时，辅导员就要多参与协商，引导他们工作。发生问题，不着急插手，引导队干部来讨论问题，寻找解决问题的方法。辅导员不捆绑他们的手脚，充分发挥每个队干部在其岗位上的独创性，尽其所能，各放异彩。

四、自评述职，加强考核

在少先队干部能力的培养中，考核制度也是必不可少的。通过自评来"自省"，通过述职来"学习"。应该说，采取这样的考核制度，也是激励小干部的学习积极性和工作主动性。在每一学期的期末，少先队干部们围坐一桌，先逐一对自己一学期的工作进行"述职"，这是为小干部提供相互交流的机会，通过对自己工作的汇报总结，让我们的少先队干部之间可以取长补短。随即，我们会在队干部会议中下发《徐汇中学队干部工作自我评价表》，由队干部给自己打打分，看看自己在这一学年的工作有什么样的进步，来年还可以有怎样的改进。在队员间，我们会下发《徐汇中学队干部工作评价表》，少先队干部行不行由队员来评价，而不是我们辅导员说了算。真正让我们的少先队队干部做到"从队员中来，走进队员中去"。

少先队小干部是队员们的榜样，必须不断积累知识，提高工作能力，才能更好地起到小干部的带头作用。辅导员老师要在日常学习生活中有意识地培养、锻炼小干部们的自主管理能力。少先队干部是少先队组织的核心，要实现少先队的良好发展，必须重视少先队干部的培养，从而让少先队组织的"小管家""领头人"更好地为队员服务，为少先队组织服务。

少先队活动中培养队员自我教育
能力的意义与实践*

少先队的基本特征是自我教育。在辅导员的指导下，要充分锻炼和培养少先队的自主能力，注重队员的自我教育。本文以上海市徐汇中学为例，结合学校的育人品质，针对校园行规的常见现象，设计并开展各类活动，让队员在活动中实现自我教育。

少先队是少年儿童自己的组织，是他们成长的摇篮。自我教育在每个人的成长过程中都占有极其重要的地位，是每个队员成长发展中不可缺少的。少先队的自我教育是在教育的过程中自觉主动产生的，而不是自发和盲目的。学校必须准确地发挥少先队的组织教育作用，在辅导员的指导下，通过开展丰富多彩的活动，把党和国家的教育目标变成队员自觉要求和积极追求的目标，培养队员自我管理和自我教育的能力。

一、以育人为主线，实现队员自我教育

少先队组织是学校德育工作开展的沃土，少先队各项活动的开展为学校德育教育创设了良好的环境。因此，少先队工作和学校德育教育紧密相连，两者应该互相促进、形成合力。少先队活动的开展不仅要体现

＊ 本文作者邓玉琴，徐汇中学大队辅导员。

时代性，更应该结合学校的培养目标，设计和制定具有学校特色的主题活动。

"感恩、善良、责任、大气"是我校的育人核心品质，针对学校德育目标和少先队员的年龄特点，我们分年级、分目标设计了丰富多彩、循序渐进的少先队主题活动，让学生用自己的方式参与其中，通过活动和实践促进学生的自我教育。

感恩，包含孝老和爱亲。六、七年级队员可以通过为家中长辈做一件事、给幼儿园或小学老师写一封信，表达他们的感恩之情。八、九年级队员可以通过"我身边的孝老爱亲事迹"的演讲比赛，组织一次对敬老院的慰问和打扫活动，通过队员自己组织和策划的"爱在身边"主题班会的形式来弘扬孝老爱亲的精神，教导队员理解长辈、尊重长辈，让队员利用各种契机，做感恩长辈之事。体验的过程便是最好的自我教育的过程。

善良，包含纯真和温厚。六、七年级队员可以通过为身边的队员做一件好人好事、给贫困地区捐一本书或学习用品，体现队员们乐于助人，传递爱心的品质。八、九年级队员可以举行"善良在我心"主题征文比赛、参与"日行一善"系列活动，这些活动都教会队员待人真诚、做事诚信、为人厚道、尊重他人。

责任，包含尽责和担当。六、七年级队员可以通过走访一次老校友、在校园中进行志愿者服务活动、开展"我骄傲，我是汇学人"主题班会，让队员明确个人责任，管理好学习和家庭生活，了解汇学历史，做有责任、有担当的汇学人。八、九年级队员可以在社区进行志愿者服务活动，在实践中培养队员树立理想信念，做个遵纪守法的好公民。

大气，包含大方和从容。每个年级队员可以开展名人故事演讲比赛——名人的"大气"故事，八、九年级队员参与主题讲座，例如，在"如何得体地待人接物"的主题讲座中，教导队员待人接物大方谦和、与人相处宽容大度、面对挫折从容不迫，同时培养队员的艺术人文素养。

每一个核心品质对应的活动内容，对于每个年级也是各不相同的。低年级活动多是一些亲身体验性的实践活动，而高年级活动则多是对队员自主性要求较高的活动，这些活动不局限于学校内部，也有面向家庭、面向社会的。队融通过切实的体验获得一种感受，明白一种道理，养成一种品质，学会一种本领，通过生动活泼多样化的活动来获得自我的全面发展。

二、联系实际，发现问题，把自我教育落实到行规教育中

（一）我是光荣少先队员，我爱鲜艳的红领巾

在校园里，我们常常可以看到一条条被队员们"遗忘"的红领巾散落在学校的各个角落，无人认领，还有的队员佩戴的红领巾又脏又皱，根本没有好好珍惜和爱护他胸前的这份神圣。红领巾是少先队的象征，是红旗的一角，是用革命烈士鲜血染红的，从队员们佩戴上红领巾那一刻起，身上便增添了一份荣耀，但更肩负了一份责任和义务。如何让队员重视自己胸前飘扬的红领巾，必须让队员从心底真正感知红领巾所赋予他们的使命，改变学生戴红领巾是为了"不扣分"的这种观念，并将这份使命付诸行动，时刻以少先队员的标准要求自己。

针对这些情况，我们可以利用中队活动的形式，指导队员通过翻阅书籍、上网查找的形式，了解红领巾的历史意义和中国少年先锋队这个光荣组织的由来，让队员重视红领巾，重温历史，把队史的教育融入其中，让队员通过实践活动发挥自我感知和自我教育，把红领巾的精神牢记心中；也可以通过观看经典革命电影，如《小兵张嘎》《闪闪的红星》《鸡毛信》等，让队员从电影中感受积极向上的情感教育，激发爱国主义精神和民族认同感；还可以开展优秀少先队员事迹介绍的主题队课、利用学校广播台等宣传阵地让队员讲述"我与红领巾的故事"，用

身边榜样的力量让队员从活动中真切感受到深刻的教育，这是一种自动化集体的自我教育，也是队员间发挥的相互教育。同时，我们发现很多队员红领巾的佩戴方法也各不相同，有些队员的红领巾甚至打了个死结。正确严谨的红领巾系法会让队员在打结的过程中，自觉体会红领巾的神圣。我们可以通过开展"寻找校园最美红领巾"的活动，强化队员们正确佩戴红领巾的方法和步骤，通过定期在队员亲自设计的宣传橱窗里展示红领巾系得美观又大方的队员照片的方式，让每一位队员真正从心底热爱胸前飘扬着的鲜艳红领巾。

（二）我是少先队的主人，我爱整洁的校园环境

优美的校园环境为少先队员创造了良好的学习条件。然而，走在校园里、中队中时常有纸屑或其他垃圾映入我们的眼帘。除了一味地加强教育、制定制度，我想我们要思考的是纸屑从哪里来，队员们有没有把校园当作自己的家一样来爱护，来积极主动地维护校园环境的整洁。每一位少校先队员都是少先队组织的主人，要激发队员"热爱校园"的主人翁意识，培养队员"自觉约束行为"的规则意识，发掘队员"校兴我荣"的责任感。我们常常可以听到"校园是我家，卫生靠大家"的倡议，除了高喊这些爱护校园环境的口号，我们更应该做的是真真切切地让队员"以校为家"。

少先队干部是少先队组织中上联辅导员、下达少先队员的桥梁和纽带，是实现少先队员自我教育、自我管理、自我服务的具体组织者。我们可以利用升旗仪式，让大队干部向全体队员发出号召并宣读由少先队干部自己制定的"弯下腰 伸出手——汇学校园清洁卫生倡议书"，呼吁全体队员把校园当作我们的大家园来爱护，用文明习惯装点青春校园。通过中队活动的形式，让每个队员思考，"以校为家"我能做些什么，"热爱校园"今天我做了什么，"齐心协力"我看到了什么。自主性是少先队发挥自我教育的前提和基础，为了促进队员的自我教育，首要的一个前提是教育队员学会自我认识。只有正确认识自己，才能自己

要求自己，自己勉励自己，不断提升。通过中队黑板报的窗口，展示队员眼中美丽的校园照片或画作，自创标语"校园卫生我能做什么？我不能做什么？"开展角色体验活动，培养队员自我教育能力，如每天早上执勤班的打扫，每天班中"值日生""执勤班长"都是通过队员亲身参加实践才能获得感知的一种教育和学习。队员在其中既是受教育者，也是教育者，因此能够充分发挥队员的主体作用和自我教育能力。通过体验，引导队员自我教育互相教育，发动队员对照标准进行自评互评，让文明行为规范成为队员自觉的行动。还可以让队员自我选择体验方式，自制活动方案，自制活动计划，写自我感受，真正实现自我教育。

只有促进自我教育的教育才是真正的教育，少先队员只有把教育者提出的教育要求变成自我要求，并把它付诸实践的时候，教育的目的才在队员身上真正实现。少先队各类丰富活动的开展，要以队员的自我发展为本，发挥少先队自主能动性的主体地位，引导儿童当家做主，帮助队员自己搭建展现自我、教育自我的多彩舞台，使他们真正成为少先队活动的设计者、组织者与参与者，让每位队员成为少先队的主人，把全体少先队员培养成担当民族复兴大任的时代新人。

寻找学生闪光点　表彰光荣升旗手*

每一个孩子成长过程中都表现各异，或内向或外向，身上都有这样或那样的缺点。我们的孩子大多非常纯真，他们常常把自己的优点以家长教师不能理解的缺点的形式表现出来。有的缺点甚至让老师也十分头疼：有的孩子倾听不足，有的孩子比较好动、时时刻刻停不下来，有的孩子自控能力比较差、纪律比较松散，有的孩子沉默寡言。我想就算这些孩子身上有着这样那样的缺点，但在我们老师看来他们还是有优点的，需要我们仔细观察他们，愿意耐心地教育他们，善于发现他们身上的闪光点，并且持续鼓励他们，改正自己的缺点，发挥自己的优势。

学校升旗仪式是对学生进行爱国主义教育的重要途径和方法之一。学校开展庄严隆重的升旗仪式活动，可以激发学生们的爱国之情，因此学校每星期一都举行升国旗仪式。光荣升旗手由学生中的优秀代表担任。学校通过组织光荣升旗手的选拔工作，开展光荣升旗手的评选、推荐并以此表彰激发学生积极向上的情怀，促进学生勤奋努力全面发展，形成奋发向上的校园氛围。每周评选光荣升旗手，寻找学生的闪光点，表彰学生某一阶段在某一个领域内取得进步，弘扬正能量，树立好榜样，用榜样的力量去激发学生刻苦努力的斗志。

---

* 本文作者郑斌，徐汇中学文化发展中心副主任，高级教师。

　　首先，在学校中全面发展、品学兼优的学生只占一部分，而光荣升旗手的评选表彰可以让更多有积极表现的学生在群体中得到认可，满足学生价值认可的需求。每个孩子的内心都有积极上进的欲望，都希望自己的表现能得到别人的肯定和赞赏。学习优异的学生希望自己能够得到学校在较大场合下认可他们成绩的心理需求。各种奖项的颁奖仪式、奖状的颁发、学生先进事迹的介绍，都会在一定程度上满足学生的价值认同需求。马斯洛需求层次理论的核心观点是个体成长发展的内在力量是动机。自我实现需求即马斯洛的关于成长与发展、发挥自身潜能、实现理想的需要。这是一种追求个人能力极限的内驱力，这种需要一般表现在两个方面：一是胜任感，即有这种需要的人力图控制事物或环境，而不是被动地等待事物的发生与发展；二是成就感，有这种需要的人认为成功的喜悦比任何回报都大。人的价值的另一个方面在于人通过自己的活动，付出了心血和劳动，满足社会和他人需要的同时，自己也获得相应的劳动报酬，得到社会对自己价值的承认，从而实现对自我的满足。

　　其次，我们建立了光荣升旗手评选机制，评选单项优秀学生担任光荣升旗手。工作过程中，我们建立光荣升旗手评选机制，由学生发展中心负责，年级组、备课组、学生干部等包括教职员工均可举荐光荣升旗手。一方面可以充分了解有优秀表现的学生，另一方面可以推动形成全员参与德育工作的局面。实践中，我们评选了学习成绩优异者、学习成绩较大进步者、学生工作先进个人（优秀干部、卫生标兵班代表等）、校长奖获得者、三好学生、美德少年、体育活动成绩优秀者、校运会优秀表现优秀组织者、教师好帮手、爱校模范、宣传工作积极分子等。从成才的角度考虑，学生实现人生价值，需要有坚定的理想信念，需要有正确价值观的指引，用正确的价值观支撑自己，只有这样，才能沿着正确的人生道路不断前进。光荣升旗手的评选，需要教师全面了解学生，处处关心学生，寻找每个学生的闪光点，让每个学生都有成功感，使他们懂得：只要努力都可能成为某一方面的佼佼者。光荣升旗手是在学生中产生的，可以是本周里有进步的学生，也可以是在一周内做了某件好事的学生，或是一贯表现较好的、起到模范作用的学生。担任光荣升旗手的学生，站在国旗下，接受主持人的获评意见介绍并获得全体师生的掌声，他们知道自己的进步得到了同伴和老师的肯定。他们受到了集体的欢迎时，心里便会产生一种愉悦感和满足感，从而进一步促使自己的行为向良好的方向发展，使优点得以巩固。光荣升旗手评选活动对其他学生也有促进的作用，可以激发他们奋发向上，努力使自己的行为符合规范的要求，争取当上一名光荣升旗手。

最后，我们对光荣升旗手组织培训，让他们明确升旗仪式的程序，熟练掌握升旗的动作要领，力求做到标准、规范。具体要求是：当主持人说完"升旗仪式现在开始，全体肃立，奏唱国歌"，光荣升旗手在国歌声中要把鲜艳的五星红旗缓缓地升起，少先队员要行队礼，其他同学及教职员工要行注目礼。

常言道：金无足赤，人无完人。如果我们充满爱心仔细观察，就会发现每个学生成长过程中都有自身的闪光点。作为老师的我们必须研究学生，让他们的闪光点发扬光大，不足之处日益改正，要通过鼓励来推动他们的进步，让他们树立必胜的信念，这样，才能收到先进学生更先进、后进学生赶先进、中等学生变先进的良好效果，才能够较好地形成良好的校园文化氛围。

把握分寸感　体现教育的艺术性

——惩戒：教育不可缺少的组成部分[*]

一、当前教育所面临的问题

教师越来越难做、学生越来越难教，这是目前中小学教师的普遍感慨。现在的孩子大多是独生子女，由于娇惯和溺爱，显得比较自私，思考问题常以自我为中心，而且普遍自尊心和敏感性很强，耐压力、抗挫折力低，一旦受到老师批评就会产生敌对情绪。加上网络、暴力题材的影视侵染，心理极不稳定，一有风吹草动就很容易出现心理问题和各种较为极端的行为问题。

自新修订的《未成年人保护法》正式在我国颁布实施以来，教师体罚或辱骂学生都被归为违法。"学校、幼儿园、托儿所的教职员工应当尊重未成年人的人格尊严，不得对未成年人实施体罚、变相体罚或者其他侮辱人格尊严的行为。此外，学校对品行有缺点、学习有困难的学生，必须耐心教育、帮助，不得歧视，更不得违反法律和国家规定开除未成年学生。"这部法律着重强调了对未成年人利益的保护。而在教育过程中，教师一方面要面对"脆弱不堪"的孩子，另一方面要面对各种"禁令"和社会舆论的压力，这使得他们经常陷入左右为难、束手

---

* 本文作者龚亮，徐汇中学教师发展中心主任，高级教师。

无策的尴尬境地。据可靠调查，教师已成为公认的高危职业了。鉴于如此的社会环境、教育背景，"两个极端"就自然浮现了：

一是为了确保自己的"安全"，许多教师迫于法律风险而不得不选择了明哲保身式的教育方式——我传道授业，你悉听尊便，只敢教不敢管。

二是少数教师冒着风险对学生实施体罚或变相体罚，个别教师甚至将体罚当作发泄私愤和减轻职业压力的手段。

长此以往，对素质教育将无疑是一个损害。不是导致教师的放任失职和学生的桀骜不驯，就是造成学生身体和心理上的伤害，激化教师与学生、家长之间的矛盾。

二、惩戒——教育不可缺少的组成部分

新课改推行以来，我国教育界普遍倡导激励教育、赏识教育，强调家长、教师都要以平等的姿态和孩子对话，尊重孩子，给孩子创造一种宽松自由的气氛。但是，激励和赏识是否就意味着不能批评？我们的教育到底需不需要惩戒？心理学的实验研究表明，对于一个自我尚未充分发展起来的未成年人来说，惩戒作为消除或减少不良行为的手段，是行之有效和必不可少的。而作为教育的艺术之一，惩戒教育也是一种深沉的爱。

有这样一个小故事：一个 12 岁的少年，在院子里踢足球把邻居家的玻璃踢碎了。邻居说："我这块玻璃是好玻璃，12.5 美元买的，你赔。"这是在 1920 年，12.5 美元可以买到 125 只鸡。这孩子没有办法，回家找爸爸。爸爸问："玻璃是你踢坏的吗？"孩子说："是。"爸爸说："既然是你，那么你必须赔，我可以借钱给你，但一年之后你必须归还。"于是，孩子花了整整一年的时间，通过不断地打工，终于挣回了 12.5 美元。他就是后来的美国总统里根。里根在回忆录中说，正是通过这样的一件事，让他懂得了什么是责任，那就是为自己的过失负责。

一个犯错的孩子有时候最需要的不是赏识、劝告和激励,而是一声当头棒喝。一个孩子如果从来没有接受过任何惩戒,也就学不会如何为自己的错误去承担责任。我觉得基础教育还有一个重要的任务就是培养学生的责任意识,要让学生学会为自己的行为承担责任,而不是以自己年幼为借口总是推卸责任,这也应该是法制社会公民应具有的最起码素质。正如苏联著名教育家马卡连柯说:"合理的惩戒制度,不仅是合法的,而且是必要的。这种合理的惩戒制度有助于形成学生的坚强性格,能培养学生的责任感,能锻炼学生的意志和人格,能培养学生抵抗引诱和战胜引诱的能力。"

没有惩戒的教育是不完整的教育、虚弱的教育、脆弱的教育、不负责任的教育,从心理学角度看,最理想的教育方式应该是以"赏识"为主、"惩戒"为辅,二者相得益彰,适度为好,这对于成长中学生的人格完善以及人生观、世界观的形成都是至关重要的。

三、"惩戒"与"体罚",谁是谁非

如今的社会是人人一提惩戒就面如土色、争论不断,原因就在于许多人混淆了惩戒与体罚的概念。那么,惩戒与体罚是不是一回事?

惩戒——在《辞海》中解释为"惩治过错,警戒将来"。它是一种教育的补充手段、辅助的手段,是"施罚使犯过者身心感觉痛苦,但不以损害受罚者身心健康"为原则的一种惩罚方式。

"惩"是手段,"戒"是目的。"惩"是为了使之对规则产生敬畏感,防微杜渐,从源头上加强孩子对规则的理解和认同,通过"惩"让其认识到自由是有一定限度的。惩戒的最终目的是要唤醒孩子内心深处的"善性",并将规则内化到自己的生活中,规则逐渐同化为自己的行为习惯,与个人融为一体,在潜移默化中将他律转化为自律,甚至无需道德认知主观判断,良好的道德行为已经在不思量中产生。

体罚——包括变相体罚,是对学生给予身体上感到痛苦或极度疲劳

的惩罚，并造成学生身心健康损害的侵权行为。《义务教育法》及其实施细则、《教师法》《未成年人保护法》等法律不仅明确规定了禁止体罚，而且对教师体罚学生应承担的法律责任都做了规定。因此，体罚是违法的，不仅不应当提倡，而且应该严格禁止。

惩戒在目的、手段、方式和产生的后果上都与体罚有着本质的区别，其中最关键的在于：体罚损害了受罚者的身心健康。惩戒是以尊重为前提，适合未成年人的心理特点和身体条件，目的是为了保护学生。但在具体的操作中要注意掌握惩戒的"度"，合理的惩戒是教育，超过一定的"度"就会变成体罚。如上体育课违反纪律不听劝阻，老师加罚训练10分钟，对体质好的学生是合理的惩戒，但如果体质比较弱，就变成了体罚。

四、如何看待惩戒

（一）学生的想法

"学校本身是一片学习的净土，如果出现了恶性事件，我觉得应严肃处理，不要雷声大雨点小。但谁都会犯错误，也不能不留一些余地，应该给人改正的机会。另外，我觉得学校要明晰惩戒条例，不同事件有不同的惩戒，而不是学校和老师想怎么惩罚就怎么惩罚，不能有太多的随意性。"

"我认为学校在惩戒犯错者的时候，应针对不同情况进行适当处理，给犯错者一个改正的机会，也给犯错者一个重新被同学认识的机会，让犯错者在宽容和理解中认识到自己的错误，毕竟认识到错误要比学校的惩罚更有事半功倍的作用。当然，学校也应做出适当的惩罚指引我们，否则就会产生纵容，使错误再次出现。"

（二）家长的顾虑

老师也是普通人，也有普通人的情感和弱点，也会情绪化、简单化，也会激动、愤怒甚至控制不住自己。老师也会判断失误，也会有偏爱。老师也会情绪转移伤及无辜，也会疏忽大意失去分寸感。如今学校与学校之间在竞争，同校老师之间也在竞争，老师的压力也很大，再加上"恨铁不成钢"，老师的情绪难免会因为学生的成绩发生波动。

"家长最怕的是老师拿学生当出气筒。"一位学生家长说，"有一次，我到学校接孩子放学，看到儿子因为作业不会做，正被老师罚站，在墙角被老师指着鼻子骂。当时老师的面孔扭曲，声音尖锐，一边骂，还一边拿起儿子的作业本往地上摔。我当时都吓得心直跳，何况那刚入学的孩子呢！"因此，家长的最大愿望是：老师能从职业道德出发，提高职业修养，尽量以理智的态度来惩戒教育学生。

（三）老师的担忧

负责任的老师面对学生所犯的错误不可能无动于衷，老师批评学生无可厚非。但有的父母一听说孩子在学校挨批评就不乐意，认为老师给孩子穿小鞋，让老师感到工作很难做。

"老师不敢管学生，就是怕家长不理解，"有老师说，"惩戒是一种教育手段，就是要让孩子明白，做错了事要付出代价。孩子的是非观需要通过惩罚来树立。如小孩子对热水壶很好奇，被烫到手时才知道热水壶摸不得，以后他会尽量避免被烫伤。"

基于以上的种种，要想让惩戒教育走在"正当"的路途上，释放出应有的教育价值，就必须让惩戒规范化。

五、如何规范惩戒教育

（一）思想上

孩子的心是敏感的，他们渴望关注和爱。老师们要经常换位思考，去感受被体罚或变相体罚时的恐惧，那真的是一种很可怕的感觉。我想，有深切体会的老师是决不会以这种方式去对待自己学生的。老师的正当惩戒应以理解、接纳为基础，以不伤害学生的尊严为前提，出于真正关心学生的成长，对于学生的"爱"。唯有维护好惩戒的"面子工程"，学生、家长才会理解老师的一片苦心，即使发生突发事件，事态也不会恶化。

另外，还要让家长和学生知道惩戒的必要性。关于这一点，学校和老师可以利用各种形式，特别是班会、家长会，对家长和学生阐述惩戒教育，让他们明白惩戒的积极意义。

（二）模式上

惩戒教育也需要"有法可依、有法必依、执法必严、违法必究"。

惩戒的规则要透明化，要让学生知道哪些行为要受到什么样的惩罚，且在惩罚之前，先给予警告，让学生意识到必须改正，否则就要受到惩罚，同时也减少了惩罚的频率。即所谓的"有法可依、有法必依"。另外，老师对学生的惩戒规则，对家长也应当是公开的。惩戒教育，既需要家长的理解、配合与支持，又需要家长的监督。在惩戒学生的过程中，老师一定要遵循"执法必严、违法必究"的方针，做到人人平等、讲究公平。

（三）内容上

惩戒是否规范，惩戒的内容占了很大的比例。我觉得关键不是规定老师不能做什么，而是要规定老师"只能做什么"。

心理学认为否定式的述说并不能在脑中留下痕迹，就像说"别紧张！别紧张"一样，越说会越紧张，如果反之用肯定式的述说，效果就会好得多，如"放轻松！放轻松"，多半就会慢慢放松下来。同理，在对老师规定不能做什么时，实际在告诉老师们，他们有这样做的可能性，为老师们的惩戒方式提供了可供选择的条目，这样一来，错误的引导务必导致失败的结果。反之，从正面引导老师们，告诉他们只能做什么，只能在怎样的情况下，只能用怎样的手段，且在严格把握底线的条件下去惩戒学生，这种惩戒教育的规范性无疑是最高的。当然，国家教育管理部门必须为此制定细则并加以完善。

教师在制定班级制度规范时要以生为本，考虑学生的年龄与心理特征，符合学生成长的客观规律。有些制度规范甚至可以让学生们自己讨论制定。下面是一张"弹性惩戒制度"下的惩戒通知单：

弹性惩戒通知单

××同学：

今天早读时，你和××大声吵闹，不仅耽误了自己学习，而且严重影响了课堂秩序。你的行为已经违反了我们的班规第（　　）条，为使你进一步认识自己的错误，养成良好的学习习惯，请从以下几条惩戒方式中选择一条，并在纪律委员的监督下认真接受惩戒。

1. 说明情况，向大家公开道歉，争取同学们的原谅。

2. 写一份呼吁"认真读书学习"的倡议书，并张贴宣传。

3. 完成一份违纪心理剖析，并在学生中宣读。

4. 自我申请的其他惩戒方式：＿＿＿＿＿＿＿＿＿＿＿

惩戒执行情况：

纪律委员：＿＿＿＿＿＿　值日班长：＿＿＿＿＿＿班主任签字：＿＿＿＿＿＿

我们不难看出，发动学生广泛参与协商，这样既可以使制度内容更为丰富、健全，也可以充分尊重学生的个性特征，更好地体现制度的人性化特点。这是一个学生共同参与班级管理的过程，更是学生进行自我教育的过程。

六、惩戒教育的艺术

惩戒是门教育的艺术，惩戒的尺度如何把握，里面有大学问。老师在实施惩戒时要掌握分寸，要以师德、良知为前提。

（一）惩戒要"适时"

"适时"，通俗地说就是抓住时机。小错和及将发生的严重过错行为应尽早及时地处理，但如果事件不影响班级正常发展，就应把惩戒的时间尽量往后挪。因为心理学告诉我们，人一旦犯错误后，都会有一个从自醒、自悟到后悔的过程，学生亦然。因此，我们要给学生一个反思的过程，同时，也能让老师在心理上有一个"冷处理"的时间，避免惩戒时的情感冲动。平时，老师们由于心太急，不问青红皂白批评错了的事例已不是少数。陶行知先生在"四块糖"的故事中，就没有在事发时批评那位学生，不但护住了孩子的面子，还给了他在去校长室路上进行反思的机会，所以当他到了校长室面对批评便欣然接受了。

（二）惩戒要"适度"

"适度"是指要把握好惩戒的量，既要触及学生的灵魂，还要顾及孩子的承受能力和尊严，不能违反国家的法律。

比如，一个学生已连续几次不完成作业了，老师让他利用课余时间补上，这就是合理的惩戒，但是如果强制地让他抄写 10 遍，就变成了变相体罚。学生打扫卫生不认真就罚他扫地一个月等做法，也是没有把握好"度"。

又比如，对调皮的学生可以罚站，但罚站必须以不影响他听课为前提，时间不超过 10 分钟为适度，决不允许把学生赶到教室外面去，这就是"度"的底线。

（三）惩戒要"适语"

俗话说："数子十过，不如奖子一长。"人人都喜欢听好话。我们在帮助学生分析过错及批评学生时，可以运用"先扬后抑"的方法，先肯定他是个好孩子，再用启发、开导性的语言和语气慢慢地道出他的错误，这种方法能促使犯错的学生消除逆反心理，让他平和地接受自己的错误，接受批评和惩戒。

千万不能一棍子将学生打死，这会使学生破罐子破摔的，一旦学生"从善"之门关上，要想教育他改掉坏习惯就会"难于上青天"。另外，也不要嘲笑学生，以及揭学生的旧伤疤，这些都无力于真正解决问题。

像"不准""决不能"等否定性的强制性词语最好不用，原因前面已经分析过，它们只会起暗示学生犯错的可能，缺少实效性的引导。

（四）惩戒要"适人""适法"

学生有差异，因此，教师行使惩戒权时也必须因人而异。针对学生不同的年龄、性别、体形、性格、家庭教育背景等采取不同的惩戒方式。对性格内向、自尊心强的孩子，宜采用温和式的惩罚；对脾气暴躁、自我意识差的孩子宜采用严厉式的惩罚；对性格倔强、逆反心理强的孩子，宜采用谈心式的惩罚……

教育惩戒时如果能正确选择厌恶刺激，效果是非常显著的。厌恶刺激是指人们不喜欢的事物，比如批评、惩罚等。每个孩子的厌恶刺激都不一样，所以找准并有效使用厌恶刺激就成了一门学问。这就需要我们在日常的生活中要留心观察孩子，掌握什么是孩子不喜欢的。我们也可以把剥夺孩子喜爱的东西或活动作为惩戒的厌恶刺激，同样非常有效。

惩戒的方法是丰富多彩的。如果我们善于思考、发现，就会"创造"出很多适合自己学生的惩戒方法来。

惩戒是一把"双刃剑"，需要我们合理地去运用。我们应该充分认识到它的重要性，并将它有效地运用于教育教学的各个环节中去。

徐汇中学行政会问题提议单

部门：学生发展中心　　　提议人：邓玉琴　　　时间：2019 年 3 月 8 日

问题名称	校园每周值勤班的问题发现与完善
问题现象描述	每周值勤班负责的是早晨校门口值勤、自行车停放管理、校园卫生、早自修纪律和教室卫生的检查 1. 校门口值勤的同学没有准时到岗 2. 负责校园卫生的同学在巡视的过程中有看书、背单词甚至吃早饭的情况 3. 垃圾钳的使用不合理 4. 早自修和教室卫生检查反馈不清晰
问题追因分析	1. 学生自主管理能力不够，思想上不够重视 2. 班主任的管理和安排不到位
责任人认定	学生发展中心
问题改进措施和方法	1. 强化学生的责任意识，要求校门口值勤的同学至少提早一分钟到岗 2. 将校园卫生保护区域划分从原来的三个大区域变成六个小区域，从原来两位同学负责两个区域，改成一位同学负责一个区域，做到专人负责，安排更细致，提高了效率 3. 对于地面上可见的垃圾，建议学生用手捡起来，对于草丛中，不便于用手捡的垃圾，我们合理运用垃圾钳 4. 进一步完善值勤班考核表格，加入早自修和教室卫生反馈表，更具体反映各班实际情况 5. 值勤班实行的是班主任负责制，提升班主任对值勤班工作管理的意识 6. 学生发展中心也会加强巡视和检查
问题解决反馈	1. 在值勤班年级召开班主任会议，强调值勤要求，提升班主任对值勤班工作管理的意识，加强对学生责任意识的培养，值勤班级的整体面貌有所提升 2. 每周总结值勤班级的反馈情况，具体问题有针对性地及时落实到年级和班级

徐汇中学行政会问题提议单

部门：学生发展中心　　　　提议人：顾卫君　　　　时间：2019 年 4 月 12 日

问题名称	初中学生社会实践现状分析及改进方案
问题现象描述	1. 初中四个年级没有形成主题化、序列化的社会实践活动 2. 社会实践活动变成了纯粹的春游，失去了其德育意义 3. 随着《上海市初中综合素质评价实施办法》的出台，目前学生的社会考察内容满足不了文件精神的要求
问题追因分析	1. 长期以来形成的社会实践活动就是春秋游的观念 2. 对社会实践活动的德育意义认知不够准确，没有引起足够的重视 3. 缺少对初中生社会实践活动的主题性、整体性、序列性的规划
责任人认定	学生发展中心
问题改进措施和方法	1. 思想意识上引起重视。作为德育主管部门，我们在思想意识和形势变化的敏感度还不够，今后要结合学校的核心工作加以改进 2. 根据学校的育人核心品质，根据不同学龄段学生的身心特点，设定不同年级社会实践活动的目标和活动内容。比如预初为亲近自然，初一为走进古镇，初二为进馆有益，初三为人文历史。各主题还可以和学校的德育课程结合，如预初可以和动物园系列课程、环保课程结合；初一走进古镇可以包粽子、做青团等，和劳动教育结合起来；初二的参观博物馆和市里的课题"进馆有益"结合起来。根据《上海市初中学生综合素质评价实施办法》，初中学生也要撰写探究学习报告、社会考察报告等，可以结合社会实践活动进行课题研究和论文撰写 3. 拟定详细的各年级社会实践活动方案，做到活动前有准备，活动中有内容，活动后有反馈。年级组长、班主任和任课教师要参与社会实践活动的全过程，形成"人人都是德育工作者"的自觉
问题成效反馈	见徐汇预初年级《上海野生动物园考察方案》

徐汇中学行政会问题提议单

部门：学生发展中心　　　提议人：曹令先　谢静　时间：2019 年 5 月 17 日

问题名称	高中生职业规划教育的实践课程
问题现象描述	高中生处于人格与能力发展的重要时期，高中阶段的职业生涯的探索和指导有助于提高学生生涯规划意识，储备相应能力。以往的职业规划教育多以讲座、课堂学习为主，学生的实践课程较少，在新高考改革的当下，这显然不足以满足学生认识社会与职场的需求，不足以应对新高考改革对高中生涯规划教育的要求。毕竟，纸上得来终觉浅
问题追因分析	新高考改革对学生自主选择意识的要求有所提升，对学生阶段生涯规划教育更加重视
责任人认定	学生发展中心、各级家委会
问题改进措施和方法	1. 通过文献研读、会议研讨等方式，深入学习新高考改革对生涯规划教育提出的新要求；通过同行交流、经验借鉴等方式，初步建立社会实践课程的框架 2. 通过家长会、家委会调动家长资源，借助家长、社会资源收集职业体验点 3. 制定职业兴趣体验活动课程方案，结合共青团建设面向全体高一学生开设职业体验活动课程
问题解决反馈	学生和家长对职业体验活动课程反馈良好。通过此课程，高一学生可以在真实的职业情境中，了解、搜集现代职业的相关信息，接触具体职位的工作情形，感受各行业的发展现状。该课程能帮助学生积极探索适合自己的职业方向，促进学生自主选择意识的发展

徐汇中学行政会问题提议单

部门：学生发展中心　　　　提议人：施如怡　　　　时间：2019 年 5 月 25 日

问题名称	学生社团管理机制的改革与完善
问题现象描述	1. 初高中社团数量、类型不断增加，管理机制有待更新 2. 学生会社团部职能有限，主要为日常巡检职能，对学生社团的整体规划和发展作用不大 3. 部分社团缺乏专业指导，活动质量不高，所获成果不多
问题追因分析	随着学生社团规模的扩大和类型的增多，对应的管理部门和机制都需要更新，在学校创建工程素养特色的背景下，学生社团的特色和专业性亟须提升
责任人认定	学生发展中心
问题改进措施和方法	1. 以正在进行的团委学生会换届为契机，对学生社团管理部门进行改革，将学生会社团部升级为社团联合会，全体社长为联合会成员，联合会的核心管理团队以原学生会社团部成员和兼任社长的其他学生干部为候选人，选拔一批有能力、有想法、熟悉社团工作的学生干部 2. 社团联合会成立后，着手更新社团管理办法、各社团章程、升级 OA 管理平台的各项功能，制定更合理有效的社团评级制度，将初高中社团纳入统一的管理平台 3. 完善社团聘请指导教师机制，以初中社团和双新平台课程社团为蓝本，其他社团根据需求不定期聘请教师指导活动，并做好相关记录和申报
问题解决反馈	学生会社团部已经改组为社团联合会，通过新一届学生会改选产生了会长、副会长，成功组织了与复旦附中机器人社的交流活动，接下来将会持续开展校际社团交流活动，提升工程素养类社团的专业性和影响力，带动其他社团共同发展

徐汇中学行政会问题提议单

部门：学校发展中心　　　　提议人：霍存月　　　　时间：2019 年 3 月 1 日

问题名称	垃圾分类管理
问题呈现描述	如今垃圾分类已经立法，即将在 2019 年 7 月 1 日正式执行。一旦违法，单位受处治力度会很大，影响也很恶劣。目前我们学校垃圾分类存在的主要问题是垃圾混装现象严重，保洁员分装垃圾耗费大量时间
问题追因分析	1. 教室及办公室仍然没有进行垃圾分类，各种垃圾混装在一个桶里 2. 尚学楼北门的大垃圾桶没有分类
问题处理责任职能部门	所有部门
解决问题建议	1. 尚学楼北门垃圾桶分类投放点，标示清楚 学校垃圾主要有三类组成：干垃圾、湿垃圾、可回收垃圾。所以在尚学楼北边垃圾桶摆放点只投放三只标示清楚的分类垃圾桶。有毒有害垃圾桶放在自行车棚旁边的垃圾总站点，如果产生有毒有害垃圾，请直接到总站点投放 2. 定时摆放垃圾桶、定时清理 尚学楼： （1）11：30 摆放好各类垃圾桶，12：40 运走垃圾 （2）16：30 摆放好各类垃圾桶，17：00 运走垃圾 （3）周五：15：40 摆放好各类垃圾桶，16：30 运走垃圾 重德楼： 学生直接将垃圾投放到自行车棚旁边的垃圾投放点 3. 从源头抓垃圾分类工作 （1）普通教室及专用教室不摆放垃圾桶。一是因为教室面积小，不可能摆放 3—4 只垃圾桶。二是因为学生缺乏自觉性，乱扔现象严重。学生如果垃圾的产生，也请在规定时间投放到指定地点 （2）用完餐后，坚决杜绝餐巾纸扔在餐盘里。希望工会、学生发展中心分别对教师、学生进行教育（今天中午开始） （3）办公尽量电子化，减少产生垃圾，倡导环保节能
问题解决反馈	已经做到定时定点分类投放，及时清运

徐汇中学行政会问题提议单

部门：徐汇中学（南校）学生发展中心

提议人：盛军　　　　时间：2018 年 11 月 23 日

问题名称	校园安全存隐患　学生管理需加强
问题呈现描述	1. 开学至今，两位教师受伤，四位学生五人次受伤，有运动过程中的受伤，也有校园嬉闹引起的受伤 2. 学生在校园内追逐嬉闹现象较多，课间大声喧哗现象严重 3. 冰壶课、棒球课、射击课以及一些拓展课的课堂上学生的纪律松散
问题追因分析	1. 新建校区硬件设施存在诸多安全隐患，设计功能缺陷，监控盲区多 2. 校区大，空置区域多，监控盲点多，教师管理队伍人员紧张，管理空间漏洞多 3. 学生年龄小，行为习惯养成薄弱，容易出现各类意外 4. 外聘教师和跨校区教师比例高，本校区教师任务重，导致管理难度高
问题处理责任职能部门	徐汇（南校）学生发展中心
解决问题建议	1. 加紧盯促上级相关部门早日办理好相关手续，进行校区安全补建工作 2. 加强校区教师队伍（包括外聘和跨校区兼课教师）建设，提高教育责任心及教育管理水平，保证教育质量 3. 加强学生行为规范教育，早日养成良好习惯 4. 加紧制定相关管理制度，通过完善评价体系提高管理水平
问题解决反馈	1. 学生纪律教育方面比较有成效，学生的自主管理能力也有较大进步 2. 校园对安全设施的改建已经做好预算，教育局基建站已经和学校做好改建方案，预计在 2019 年暑假期间进行改建

七、后勤管理

后勤管理之"管"与"理"[*]

学校后勤工作可以说庞大芜杂，如资产管理、财务管理、工程项目、校园绿化、卫生保洁、物品修缮、饮食供应、校园安全等。正因为项目种类繁多，再加上后勤工作人员整体学历层次偏低，如果管理者没有合理的规划与管理，后勤工作眉毛胡子一把抓，就会导致烦心劳力，事倍功半的结果。因此，后勤管理不仅要敢于"管"，还要善于"理"，只有做到这点，后勤工作才能有条不紊，忙而不乱。

一、后勤管理重在"管"

（一）人员管理上

要知人善任，各尽所能。虽然后勤工作人员文化层次不高，专业水平欠缺，但也都渴望得到尊重、受到重用，渴望在岗位上有发展空间。因此后勤管理者既要善于用人之长，又要有包容之心，能容人之短，提供合适平台，让每一位后勤人员在自己的工作岗位上都能发挥自己的特长。

搭建合理平台之后，必须要建立健全岗位责任制、考核制和奖惩制，把责、权、利结合起来，从而让每一位后勤工作人员都能够围绕共同的目标，合力工作。

＊ 本文作者霍存月，徐汇中学学校发展中心主任，高级教师。

（二）财物管理上

学校的资金来源基本上是财政拨款，如何在有限的财力中尽量多办事，办好事，为学校资金开源节流？在确保学校正常公用经费使用下，再考虑特色发展和高端发展。学校的资产管理即要满足教育教学的需要，又要合理规划，延长使用寿命，努力提高完好率和使用率。同时对资产管理务必做到账实相合，台账清晰、责任人责任到位。

（三）时间管理上

有效地利用时间是提高工作效率的先决条件。加强工作计划性，根据学校后勤工作必先行以及带有季节性、时间性的要求，把学校后勤各项工作做到前面，不失时机地提供优质服务。

二、后勤管理更在"理"

（一）制定各项管理制度和流程

后勤管理作为一项基础性和保障性的工作是学校工作中不可缺少的重要组成部分。要做细、做好这方面的工作首先要健全操作性强的规章制度。制度本身就是管理的一个重要部分，要理清管理类别，从人、财、物、事四方面建立健全一套比较完整的、行之有效的规章制度和操作流程，如《保洁员工作职责及要求》《保安工作职责及要求》《消防水泵房管理制度及操作规程》《水电管理制度》《食堂自助餐管理制度》《建设项目管理制度》《工程项目政府采购流程图》《日常维修流程图》《外包单位监管流程图》等。制定相关制度要有针对性，做到每一件事情都有目标、有落实，让每个人明确工作应当如何做、何时做、做到什么程度，实行规范管理。

没有规矩，不成方圆。如果工作的内容和顺序随意变更，或工作方法、工作条件随人而异有所改变的话，就很难保证管理质量。因此，我们要依法办事，按流程操作，把危险约束在制度的笼子里。

（二）理清后勤工作的主要条块

学校后勤必须抓住财务物资、基建维修、生活服务、校容校貌这四大条块。抓住它们就能促进学校后勤工作有序有效地开展。在财务物资管理上，坚持"三重一大"原则，坚持勤俭办学的方针，合理使用资金，节约使用物资，把有限的资金用在刀刃上，提高教育经费的使用效率。在基建维修管理上，坚持"质量第一"的方针，无论是大工程还是一个桌椅的维修，都要对管理人员落实责任制，严格把好质量关。在生活服务管理上，坚持方便师生、满足需要的方针，努力办好食堂，让师生吃得放心、吃得开心。在校容校貌管理上，坚持绿化、美化、净化方针，加强物业管理的监督，建设一个美丽的、舒适的校园环境。

（三）建立监督管理体系

在后勤工作程序中，应着重注意监督检查和信息反馈的环节。

要做好学校资产、财务的管理，必须落实检查、监督工作。在资产检查工作中，由资产管理员定期到各处室、教室进行检查验收，并做好详细登记，根据学校的有关资产管理条例，对涉及的资产损坏或丢失情况和处理意见，及时通告全校。财务审核监督要完善，涉及经费，必须要完成相关流程，不得由一人审核完成，必须由报账员、财务主管、部门主管、法人共同审核完成。

食堂餐饮安全监督管理是学校后勤工作的重中之重，学校多管齐下对食堂加以监管。（1）家委会对食堂进行监管，不定时抽查学生用餐的原材料及加工过程，将问题汇总，及时向校方领导反映，并提出整改意见。（2）食堂监管员和卫生室老师对食堂加以监督管理，每天抽样检查并做记录，及时和食堂经理沟通，提出改进意见和建议。（3）行政领导陪同学生就餐。每天安排一名中层以上行政领导与学生共进午餐，监督食品卫生情况，及时发现学生餐饮的问题，确保学生的饮食安全和饭菜质量。行政领导负责从饭菜的外观、口味、质量等进行认真评价，同时对食堂卫生环境、从业人员工作情况等进行监督，并做好记录。

在管理中要让求真务实成为行动的准则。对后勤工作来说，要坚持把学生、教师的利益放在首位，坚持把促进学校发展放在首位。积极开动脑筋，勤于思考，善于总结和提炼做法，提高管理水平。后勤工作琐碎而繁杂，管理中要坚持实干的精神，用踏实的作风做好学校后勤服务工作。

三、"管""理"之中，勇于创新

转变观念，从学校发展和生存的战略高度来认识学校后勤管理的重要性，切实加强对后勤管理改革的组织和领导，推进后勤社会化管理模式，倡导专业团队做专业的事。综合考虑学校各方面因素，实行逐步推进的方针。首批推进的社会化管理项目有保洁服务与管理、绿化养护与管理、设施设备维护与管理、安保管理、食堂管理。今后跟进的社会化管理项目有医务和外勤。首批推行社会化管理的五项内容里，操作人员涉及面广，又不属于学校在岗编制，人员流动性大，学校难以掌控，委托给物业公司统一管理学校可以节省人力、物力，一劳永逸。

后勤社会化之后，并不意味着学校对后勤服务可以不管不问。领导小组必须定期对物业公司服务质量进行监督检查和提出要求。全校师生也可以将自己的意见及时反馈给物业公司，做到全员监督。物业管理方必须配备专职管理人员，每一块项目有管理方案，制定出相应的管理制度和流程，按制度和流程办事。物业公司定期收集师生反馈意见，及时整改。遇到服务区域的重大事项时，物业公司要及时向校方反映。完善的监督制度才能使物业管理服务质量稳步提升。学校后勤社会化管理之后，依法治理，按章办事。在法律的框架下，在合同的约束下，后勤服务变得更规范，更到位。

后勤工作是办好学校的重要条件，搞好后勤工作是我们后勤人员的职责。后勤工作以人为本，只有让每个后勤工作人员都成为学校的主人翁，才能发挥他们的积极性，才能开源节流，才能高效率、高质量地做好教学服务工作，才能为学校的发展提供有效的保障。

长效管理 制度与流程并举[*]

后勤管理是学校正常运行的保障，制度化管理是贯彻学校办学理念和价值观的最好体现。制度与流程并举，才能提高后勤管理的质量和效率。

制度建设是指根据国家教育方针和法规，依据学校工作任务和内部管理要求，根据学校的办学理念和办学目标，构建有效的制度管理机制，使学校各项工作纳入科学规范的轨道，实现学校管理工作的良性循环，提高办学效益，促进学校全面发展。流程管理是从无序到有序，流程图的设计目的就在于将模糊的工作条线化、清晰化，让每一个环节都呈现透明可监督的状态，以提高各项管理工作的可操作性，便于监督与管理。

后勤管理质量如何，直接影响到学校的发展，直接影响学生的思想品质、行为习惯的养成。建立健全后勤科学管理制度，完善后勤管理流程，是贯彻执行学校办学思想和文化，是师生发展、学校发展不可或缺的重要保障。

一、后勤管理的现状

一是学校后勤工作种类繁杂，既有财务工作，又有工程建设、设备

---

* 本文作者霍存月，徐汇中学学校发展中心主任，高级教师。

维修、绿化养护、环境卫生、日常水电气、消防、技防、安保、仓库保管等工作。目前岗位人员配置紧张，年龄结构不合理，要么年龄偏大，学历水平不高，要么年纪轻轻，工作经验不足，且身兼数职，导致办事效率不高，甚至频繁出现问题。

二是管理方法不科学，缺少应有的制度管理。工作人员凭经验办事，靠习惯操作，随意性较大。

三是主动服务意识不强，工作缺乏前瞻性，存在被动性，致使后勤服务跟不上。

二、后勤管理的改进措施

后勤管理工作是学校管理工作之一，要想学校这艘大船平稳顺利航行，必须建立长效管理机制，让制度先行。后勤管理规章制度的制定要从实际出发，依据国家相关的法律、法规和政策，明确后勤管理人员的工作职责及每一项工作的流程，从而使学校的后勤管理工作有章可循，顺利开展。

一是进一步转变观念，认识后勤工作的重要性。

长期以来，对后勤工作重视不足，存在轻后勤服务管理的思想，造成后勤管理人员常以经验代替管理，以资格说话，后勤管理工作质量受到严重影响。为此，必须从学校生存和发展的战略高度来认识学校后勤管理的重要性，切实加强对后勤管理组织和领导，以制度替代经验，理顺关系，增加管理力度，全方位地推进后勤管理工作再上台阶。

二是加大对后勤管理人员的教育培训力度，提高后勤人员的业务管理能力。针对后勤人员结构不合理现状，必须加快对现有后勤服务人员的培训力度，提升他们的基本管理素养，同时招聘有专业技术职称的中青年骨干上岗，从长计议，建立一支长期稳定的后勤管理队伍，并转变现有管理体制和模式，从根本上解决影响学校发展的制约因素，切实为学校的现代化管理提供人才保障。

三、后勤管理的制度化

学校一花一石，一砖一木的建设，直接体现一所学校的文化、精神内涵，对师生的思想言行起到潜移默化的作用，甚至直接影响他们的世界观、人生观、价值观。一个干净、整洁、有序的校园，自然会让学生净化心灵，文明其行为。因此，作为后勤管理者在后勤管理思路上，要有全局意识，要有树人意识。

提升后勤管理的树人意识，要从"规范"二字做起。规范管理就是要做到有章可循，有法可依，让后勤人员行动时有目标，工作时有指南。因此，后勤管理制度建设要注意四个方面：

第一，制度建设要有目标性。后勤管理制度的目标要与学校发展规划目标相一致，要对于后勤人员行为具有导向功能，能够指导后勤人员具体做什么，如何做，能够帮助后勤人员提升自我管理意识。

第二，制度建设要有可行性。制度要从本校的实际出发，与本校的发展规划相适应，制定出科学的、切实可行的管理制度；同时制度制定后一定要狠抓落实，否则将流于形式，变成一纸空文。

第三，制度建设要有创新性。制度建设要针对后勤社会化的趋势，引进市场经济的管理理念，以追求优服务、高质量、高效益为宗旨，使后勤管理工作的角色完成从"任务"到"管理"，从"管理"到"服务"的升级转变，从而为广大师生提供最优质服务，为学校发展提供最完善保障。

第四，制度建设要有文化内涵。学校制度是学校办学理念和办学价值观的有效载体。学校办学理念和办学价值观要在各个领域中体现出来，制度是最好的体现之一，更是贯彻和实施的保障。因此，判定管理制度时，还需要考虑学校的文化、学校的办学理念及价值观，这样目标才可能得以实现。

目前我们已经制定的后勤管理制度有《建设项目管理制度》《合同

档案管理制度》《政府采购制度》《财产物资管理制度》《财务管理制度》《票据管理制度》《学生资助档案管理制度》《水电管理制度》《门卫工作职责》等，不一而足，可根据学校实际情况来制定。

四、后勤管理的流程化

流程化管理，指的就是管理过程中，除了运用科学管理的原理健全管理制度，还必须强化管理过程的规范化、程序化。通过管理过程的规范化、程序化，可以减少工作中的随意性和盲目性，还可以防止不负责任的互相推诿，有利于了解情况，便于对各项工作的检查，从而提高工作的质量和效率。工作流程细化了每一个工作过程和环节，在一定程度上也可以控制风险。通过对现有工作流程的梳理，能够实现工作条理的规范性及透明度，能够完善管理体制，提升管理水平，提高工作效率。

根据学校的实际情况，我们已经完成后勤管理相关工作流程，如资产入库流程、资产报废流程、仓库物品领用流程、学生餐费统计流程、日常维修流程、设备房日常巡查流程、外包单位监管流程、外包维修流程、瓶装水领用流程、费用报销流程、现金收费流程、银行卡收费流程、学生补助流程。

只有制度明确、流程清晰，才能做到科学管理，全面管理。只有高度重视后勤保障工作，不断完善后勤管理体系，不断加强后勤人员培训、提高人员素质，才能从根本上开源节流，才能高效率、高质量地做好教育、教学服务工作，才能从根本上体现学校的办学思想，推动学校健康稳步地向前发展。

新高考形势下的中学教务管理工作思考[*]

随着新高考改革的深化，中学教务管理工作发生了变化。教务管理人员应根据新高考形势下的教务工作特点，借鉴精细化管理概念，不断探索改善教务管理的方法，提高工作效率和质量。

教务管理工作贯穿在整个教学管理工作中，对教学秩序、教师教学和学生学习有着直接的影响。教务管理关系到学校的教学效能，不但需要遵循管理工作规律，还要遵循教育教学规律。在新高考形势下，中学教务管理工作发生了很大变化，如何适应不断变化的形势，提高教务管理的效能，实现其可持续发展，是教务管理工作人员应该认真思考的问题。

一、教务管理的特点和新高考形势下中学教务管理内容的更新

中学教务管理工作具有明显的特点：时效性、准确性、循环性。这些特点自始至终贯穿在教务管理工作的整个过程。例如，在学籍管理工作中新生入学报到、毕业后颁发学生毕业证书、教材订购等工作都有较强的时效性；在填写学籍资料和中高考报名中，对学生信息必须核对准确，在限定时间内完成且不能出现差错；制订考试计划、安排课程、配

---

* 本文作者陈蔚菁，徐汇中学教师发展中心副主任，高级教师。

备监考人员等工作，必须在固定的时间范围内准确无误完成。以上类似工作每学期根据不同环境定期循环或者不定期循环进行。要想保证中学教务管理工作更加科学有效，这些特点必须掌握和了解，只有把握教务管理工作的特点和规律，才能有效提高教务管理工作的效能。

上海市实行新高考政策已经有四年，高考从形式单一的考试变成"两依据一参考"，即依据高考成绩、学业水平考试等级考成绩，参考学生综合素质评价。这些改变都建立在教务部门对学生完善的学习经历的记录上。在新高考形势下，6 选 3 带来 20 种组合，选课管理的难度呈几何级增长。等级考的走班教学又给成绩管理带来新课题。每个学生在三年中要经历十场学业水平合格性考试、三场等级性考试、语数外春考和语数外秋考、两次外语听说考试，人均近 20 场的国家级考试是对考务工作者前所未有的考验。而综合素质评价平台的各项数据的收集、整理、录入都更加高要求地体现了教务管理工作的时效性、准确性和循环性。

二、新高考形势下提升中学教务管理工作的思考

（一）进一步推动教务管理工作的信息化

计算机辅助教务工作已经十分广泛，实现了教务管理的自动化和信息化。目前学校使用的师悦信息系统能基本满足初中学段排课、成绩管理、拓展课选课管理，但已不能满足新高考形势下高中学段的选课管理和成绩管理。学校购买的翼生涯信息系统能够解决这一问题，但新系统的落地还要面对学校实际情况，主要面临的就是不同系统间的数据共享问题，这需要管理人员与信息公司不断地积极沟通。教务人员除了使用好学校的两个信息系统，还需要维护好上级部门的学籍管理系统和高中学生综合素质评价系统，这也对教务人员的信息专业技能提出了要求，更督促教辅人员不断学习，借助网络信息技术来提高效率、做好工作。

（二）进一步实现教务管理工作的流程化和精细化

所谓精细化管理，就是要用精益求精的科学态度，严谨务实的工作作风，认真负责的工作责任心去做好我们的每一项工作。

天下大事必做于细，世界上每一件事都是从一个个小细节开始的，最难的事就是要求每个环节都做得精准。在中学教务管理中可以充分借鉴精细化管理理念，对教务常规工作加以细化，对每个工作环节提出精确的要求，这对提高教务工作的效率和质量，具有十分重要的意义。

拿学校的考试管理来说，可以从命题、审题、组织考试、阅卷、试卷分析来设计细节，也可以从监考流程来规范细节。学籍管理、中高考报名管理等常规教务工作都可以设计细节，责任人落实细节。表 1 至表 5 列出了部分工作流程表。

表 1　徐汇中学考试流程表

项目	内容	责任人
安排考试	1. 根据各科目市、区统考要求安排本校考试（校长室审核）	教师发展中心主任
	2. 审核后的考试安排放在校园网上，并发至分管中层、教研组长、教务员、油印间、总务及相关公共教室负责人，做好考试相关准备。	教师发展中心主任 分管教务副主任
命题	1. 确定命题教师名单	教师发展中心主任 分管教学副主任 教研组长
	2. 教师按要求命题	教师发展中心主任 分管教学副主任 教研组长
	3. 教务员按时收命题卷	教师发展中心主任 分管教学副主任
	4. 样卷校对、油印卷校对并签名	教师发展中心主任 分管教学副主任 教研组长

续表

项目	内容	责任人
安排监考	1. 下发各年级考试安排表	分管教务副主任
	2. 制定各年级监考表及巡考表并下发	分管教务副主任
	3. 制作学生准考证、桌贴、门贴	分管教务副主任
	4. 对监考人员及考务人员进行培训	分管教务副主任
监考	1. 提前20分钟发放试卷（主考领试卷、答案、质量分析表）	教师发展中心主任、副主任
	2. 考试期间监考及巡考	
	3. 考试结束试卷收集及装订	
	4. 考试结束交巡考记录表	
阅卷	1. 命题教师和审题教师到相关备课组讲解评分标准	教师发展中心主任 分管教学副主任 教研组长
	2. 各备课组在学校流水阅卷	
质量分析	1. 备课组及教研组进行质量分析	教师发展中心主任 分管教学副主任 教研组长
	2 上交质量报告并交流反馈	

表 2　徐汇中学监考实施程序

时间	事项	要求
开考前 20—30 分钟	领取试卷	到考务室（砺行楼 204）领取考试材料和考场情况表，如不能按时到岗，请提前至校长室请假，准假后由教师发展中心负责协调
开考前 10 分钟	进入考场	1. 提醒学生除规定的考试用品外，其余随身物品必须放在教室外指定位置（手机必须关闭后放在指定位置） 2. 检查学生证和准考证
开考前 5 分钟 （英语考试 开考前 7 分钟）	分发试卷	指导学生在答题纸及答题卡指定位置填写个人信息与考试流水号并逐一检查，发现错误及时要求其改正

续表

时间	事项	要求
考试开始铃响	监考	1. 监督学生按规定答题,实时巡查考场,防范、制止违规、舞弊行为。学生有违规、舞弊行为的,请监考老师在本场考试结束后将舞弊学生和证据带到收卷地点,由学生发展中心按相应校纪校规处理 2. 监考过程中不做与监考工作无关的事情。不得擅自提前或延长考试时间 3. 监考英语时,注意听力时间,及时打开广播
考试结束铃响	收卷	1. 结束铃响提醒考试必须停笔,否则按违规处理 2. 收齐答题纸、答题卡,清点无误后宣布考生离场 3. 按流水号从小到大的顺序整理答题纸及答题卡。若有学生缺考,监考老师在空白答题纸的规定位置填写缺考学生流水号,并将答题纸放在其流水号对应的位置 4. 填写考场情况表,记录缺考学生信息 5. 携考试材料及考场情况表返回考务室,试卷和答题卡必须经过考务室工作人员核验无误后,监考老师方可离开

表3 徐汇中学学籍变更流程表

责任人:分管教务副主任、初高中教务员

项目	内容
一、家长申请	由家长向班主任和教导处提出申请
二、材料准备	1. 休学需提供: ①有效期内签证复印件、户口本复印件、国外学校录取通知书复印件(出国休学) ②三甲医院建议休学的证明(因病休学)
	2. 退学需提供: ①有效期内签证复印件、户口本复印件、国外学校录取通知书复印件(出国退学) ②三甲医院开具的可申请退学证明(因病退学)
	3. 复学需提供: 三甲医院开具的病愈复学证明

续表

项目	内容
二、材料准备	4. 转出 打印转学信息表盖章，由家长交给转入学校，由转入学校平台发起
	5. 转入（材料交招办审核） 本区户籍 （1）本区户口簿、房产证原件审核，复印件留存 （2）转出学校转学信息表 （3）学生成长记录册或学生手册 本市户籍 （1）户口本、出生证明原件审核，复印件留存 （2）家长《上海市居住证》、学生《上海市临时居住证》原件审核，复印件留存 （3）转出学校转学信息表 （4）学生成长记录册或学生手册
	以上所有手续均需附上学籍管理条例相应申请表，填写并留档
三、交由校长室审批	将材料齐全的学籍变更手续整理好交由校长室审批
四、平台操作	将审批通过的材料在平台上做相应操作
五、关注进程	关注平台学籍变更进程是否成功，若发现失败变更则做相应更正后再次发起

表4　徐汇中学中考报名及主要工作流程表

责任人：分管教务副主任、初中教务员

项目	内容
一、材料审核	1. 由学生和家长提供相关证明材料，原件交班主任审核，复印件交教务处放入学生档案袋 2. 非本市户籍学生相关材料交招办审核
二、信息采集	1. 初步确认班级报考人员 2. 编排中考报名号
三网报	1. 家长及学生网上自行报名确认 2. 教务处教务员进行问题信息修改 3. 教务处教务员确认学生具备报考资格并网上审核通过（个别未在第一次审核通过的学生可在补报名时报名审核）

续表

项目	内容
四、体育考试	1. 体育测试人数及项目上报 2. 日常体育分数上报 3. 体育分数出来后由学生在分数单上签字确认
五、推优	1. 学校确定推荐生名单 2. 上传高中阶段推荐生名单至中考报名系统
六、提前批志愿填报	1. 高中学校"提前批招生录取"网上填报志愿（家长和学生） 2. 中职校"提前招生录取"网上填报志愿（家长和学生） 3. 中职校"提前招生录取"志愿填报现场确认
七、思想品德考试	1. 核实考生人数 2. 查看和检查考生班级和照片匹配情况 3. 打印思想考试准考证并下发
八、理化实验考试	1. 学生理化实验操作技能考试考前练习以及前期准备工作 2. 初三学生理化实验操作技能考试
九、填报志愿	1. 志愿库填报初三志愿 2. 打印并下发纸质确认表家长签字确认 3. 签字确认表上交招生办并提交志愿数据库
十、毕业生档案袋	制作初三学生档案袋并上交招办
十一、中考	初中毕业统一学业文化科目考试
十二、成绩复核	对成绩有异议的学生申请成绩复核并上报系统

表5　徐汇中学高考报名及主要工作流程表

责任人：分管教务副主任、高中教务员

项目	内容
一、统计高考加试各科考试人数	统计高三各班加试科目的人数，上报给招生办
二、确认学生学籍信息	1. 打印高三学生学籍信息确认表，发放给学生及家长核对，如有需要更改的信息则由家长在纸质表上更改后，再在平台上操作 2. 将修改后的信息确认表再次打印出来交由家长签字确认无误后，交回教务处保存

续表

项目	内容
三、材料审核	1. 高三各班学生上交户口簿复印件（户主页及学生本人页） 2. 非户籍学生，需将符合《上海市居住证》相关规定的材料上交 3. 非户籍学生材料交由招办审核
四、春季高考报名	1. 确定各班报考人数 2. 确认报名信息 3. 学生自行网上报名并填报志愿
五、秋季高考报名	1. 确定各班报考人数 2. 确认报名信息 3. 考生统一在学校报名
六、高考英语口语考试	1. 英语口语考试报名 2. 模拟考试 3. 正式考试
七、高考加分	1. 各班上报加分人数 2. 学生上交加分证明原件 3. 交招生办审核相关证明材料
八、填报志愿	1. 下发志愿草表由学生填写 2. 由教务处进行网上填报 3. 打印电子草表交由学生及家长确认签字 4. 二次确认志愿草表 5. 确认志愿正表交由学生及家长签字
九、下发高考准考证	由招生办领取高考准考证后交给各班班主任
十、高考	普通高等学校招生全国统一考试
十一、成绩复核	对高考成绩有疑义的考生可登录"上海招考热线"进行成绩复核网上登记
十二、综合评价	1. 获得综合评价初审资格通过的考生到学校填报"综合评价"批志愿 2. 学校交"综合评价"批志愿相关表格
十三、特殊类型	1. 获北大"博雅人才培养计划"、清华"领军人才选拔"、自主招生、高水平艺术团团员、高水平运动队队员资格的特殊类型招生考生到学校填报"特殊类型"批志愿 2. 学校交"特殊类型"批志愿相关表格

续表

项目	内容
十四、第二次志愿填报	1. 到区招考中心领取本科批线上未录取考生名单与征求志愿计划书，学生通过"上海招考热线"网站填报征求志愿 2. 第二次志愿填报（非军事公安院校高职专科）
十五、高职专科报名	1. 学校交高职专科批志愿相关表格 2. 到区招考中心领取高职专科批线上未录取考生名单与征求志愿计划书，学生通过"上海招考热线"网站填报征求志愿
十六、毕业生档案袋	1. 制作高三毕业生档案袋 2. 录取考生凭高校录取通知书、本人身份证和准考证到各校领取本人纸质档案，自行带至录取高校 3. 将出国及其他无须领取档案袋的学生的档案交由招生办退回街道

制定了各项细化的常规教务工作之后，还要加以落实，把精细化管理落实到常规上，不断深化细节管理，精耕细作，提高效率，保证中学教育教学工作有序开展，实现教育教学质量的最优化。

新高考形势下，中学教务管理工作要实现更好的发展，就必须紧密结合各项教育改革要求，常思考常改进，成为提高学校教育教学效能的重要保障。

徐汇中学行政会问题提议单

部门：教师发展中心　　　　提议人：陶琦　　　　时间：2019 年 5 月 10 日

问题名称	上海市初三理化实验考试考场试点工作
问题呈现描述	两年后全市中考改革理化实验操作计入中考总分，采取标准化考场，全程摄像监控，人工智能阅卷。前期市教委需要大批量样本的数据采集，我校作为试点学校，本学期共需要 2 次全样本考试。第一次于 5 月 14 日下午，在总校进行，第二次于 6 月份，也在总校进行
问题追因分析	1. 原来的操作考试在西校区进行，是随堂考，也非标准化考试 2. 总校实验器材主要针对 5 月 11 日全市高中实验操作考，需要西校区打包、搬运过来 3. 当天下午，全区班主任中考志愿填报会议，不可缺席
问题处理责任职能部门	教师发展中心、学校发展中心、学生发展中心
解决问题建议	1. 教师观念的更新 （1）理化老师：操作考不再是随便考考，要从初二就开始重视 （2）任课教师：教育管理工作不是只是班主任的事，任课老师也肩负管理职责 2. 各方面协调管理 教导处与年级组，班主任与任课教师，理化老师、教务、实验员之间要协调好 3. 考试流程的规范化 新中考考试细则没有出台之前，参照高考理化实验考。考前召开教师会议，明确每个人的职责。对理化老师进行监考、评分培训 4. 设备更新 （1）根据市教委安排，争取建设标准化理化实验测试考场 （2）实验器材、设备根据中考改革要求分批更新

270

徐汇中学行政会问题提议单

部门：教师发展中心　　　　提议人：龚亮　　　　时间：2019 年 3 月 29 日

问题名称	文印间的反馈
问题现象描述	复印： 1. 复印的纸张的消耗有好转，有个别老师还在自己复印 2. 少数老师复印不登记 3. 老师们都没有提前一天来进行复印等记，很多都是马上要取的 4. 复印机出现故障，以往的公司当天报修当天能修理。现在报修的话要提前预约，隔天修理，比以前要拖拉一些 油印：按班级的量印材料（不是备课组长）40—100 份左右
问题追因分析	1. 在中午文印间教务吃饭时，老师来复印，等不急了，就自己印了 2. 感觉部分教师还不习惯预约
问题改进 措施和方法	教师发展中心
解决问题建议	1. 文印间教务人员尽量分开吃饭 2. 拓展课的时候沟通一下，有多少老师要经常油印的，报给文印间
问题解决反馈	1. 彩色油墨已经换成了黑白油墨，黑白油墨的费用比彩色油墨的费用低了许多，而且不容易卡纸 2. 中午吃放的时候，让文印间的教务分批吃饭，保证文印间时刻有人 3. 关于复印机，强调预约制度 4. 油印的资料要留底作为题库的资料

徐汇中学行政会问题提议单

部门：教师发展中心　　　　提议人：龚亮　　　　时间：2019 年 4 月 26 号

问题名称	进一步明确休复学流程	
问题现象描述	1. 心理疾病学生比例升高，不来上课的时间较多，教师管理难度加大。家长、老师咨询休学事宜较多 2. 初高中休眠学籍处理	
问题追因分析	部分教师对休学条件和休学程序不清晰。家长对休学时长等问题不重视	
问题处理责任职能部门	教师发展中心	
问题改进措施和方法	1. 根据学籍管理条例进一步完善休学程序，并联合学生发展中心告知班主任 2. 家长可在学生须知上了解休复学相关事宜 3. 定期梳理，减少休眠学籍。根据学籍管理条例进行处理，特殊情况及时请示上级部门，不引发学校和家长的矛盾	
问题解决反馈	徐汇中学休学手续办理流程表		

	项目	内容	备注
	一、家长申请	由家长向班主任和教师发展中心提出申请	学生有下列情况之一者，在一学期内需连续停课 3 个月以上或已累计停课达 3 个月以上的办理休学手续： （一）学生因伤病需治疗、休养的（须提供本市三级医疗机构证明） （二）学生出国出境（须提供境外签证证明）
	二、材料准备	家长需提供：①有效期内签证及护照的复印件、户口本复印件、国外学校录取通知书复印件（出国休学）；②三甲医院建议休学的证明、户口本复印件（因病休学） 以上所有手续均需附上学籍管理条例相应申请表，填写并留档	申请休学一般按学期申请。义务教育阶段休学时间累计不超过 3 年，普通高中阶段休学时间累计不超过 2 年。每次休学时间一般不超过 2 个学期。学生休学期间，其学籍保留在原年级。休学期满的学生可在期满后 5 个工作日内申请办理延期休学或复学。如逾期不办理任何手续，则做自动退学处理，注销学生学籍

问题名称	进一步明确休复学流程		
问题解决反馈	徐汇中学休学手续办理流程表		
	项目	内容	备注
	三、与班主任核实情况	教师发展中心与班主任核实情况，由班主任撰写学生的情况说明	
	四、交由校长室审批	将材料齐全的休学手续整理好交由校长室审批	
	五、平台操作	将审批通过的材料在平台上做相应操作	
	六、关注进程	关注平台学籍变更进程是否成功，若发现失败变更则做相应更正后再次发起	

徐汇中学行政会问题提议单

部门：学校发展中心　　　　提议人：霍存月　　　　时间：2019 年 3 月 1 日

问题名称	工人加班问题
问题呈现描述	寒假期间，多部门用到工人加班，制单报销上工人是否重复不清楚
问题追因分析	1. 各部门没有沟通，学校没有统筹 2. 缺少规范
问题处理 责任职能部门	学校发展中心
解决问题建议	建议：规范流程，制定工人加班相关原则 1. 制单： 涉及工人加班的，一律提前报到学校发展中心主任处，由校长审批，学校发展中心登记协调，统一制单 2. 加班： （1）周一至周五正常上班时间不予计算为加班（含寒暑假）。非正常上班时间、双休日、国家法定节假日上班方可计算为加班 （2）周一到周五期间，由于开展重大活动导致工作量加大，可适当增加工作补贴。（"重大活动""工作量加大"由校长室和汇成主管界定） 3. 趋势： 尽量少加班，提高单位时间工作效率
问题解决反馈	已经制定出相关原则，规范流程，按章办事

徐汇中学行政会问题提议单

部门：学校发展中心　　　　提议人：霍存月　　　时间：2019 年 3 月 22 日

问题名称	食品安全管理
问题呈现描述	学生用餐、教师用餐时，有时会发现卫生问题不尽如人意。如餐盘水渍多，甚至个别背面比较油；学生菜里出现过钢丝球的钢丝
问题追因分析	1. 洗碗工洗刷时没有认真清洗 2. 蒸汽消毒时，控干时间不够 3. 食堂承包经理管理措施不到位
问题处理责任职能部门	学校发展中心、学生发展中心
解决问题建议	1. 加强监督： （1）家委会明察暗访、随机检查 （2）学校卫生室、食堂监管员每天检查食堂原材料及加工过程 （3）实行学校中层以上领导陪餐制 （4）定期召开反馈会 2. 与承包经理经济挂钩： 接到举报，月结费用时相应扣除伙食费用
问题解决反馈	加强监督，基本解决以上问题。做到餐盘干爽，饭菜干净。再也没有接到有关饭菜卫生问题的投诉

徐汇中学行政会问题提议单

部门：学校发展中心　　　　提议人：霍存月　　　时间：2019 年 6 月 29 日

问题名称	门卫安保问题
问题呈现描述	家长接待、学校活动涉及外来人员进校园，保安不知情，门口管理混乱，存在安全隐患
问题追因分析	外来人员进校园制度不健全
问题处理 责任职能部门	所有部门
解决问题建议	建议：完善规章制度，按章办事。具体操作如下： 1. 个别来访登记： （1）直接在门卫室填《访客单》； （2）出示有效证件交给门卫抵押、电话联系相关老师； 2. 家长会（家长接待）： （1）主管部门到门卫登记《××活动告知单》 （2）家长凭《徐汇中学家长会通知单》进校园 3. 外来人员（含退休教职工）参加活动： （1）主管部门到门卫登记《××活动告知单》 （2）凭活动邀请函进校园 4. 学生看老师： 门卫请该生电话联系老师并填写《访客单》方可进校园
问题解决反馈	完善规章制度，各部门各种活动涉及外来人员进校园，都能够凭单进入

徐汇中学行政会问题提议单

部门：徐汇中学（南校）学生发展中心

提议人：盛军　　　　时间：2019 年 5 月 17 日

问题名称	南校学生午餐中存在的问题
问题呈现描述	1. 就餐等候队伍不够整齐，有个别讲话现象 2. 个别学生午餐挑食现象比较严重 3. 桌面卫生有退步现象
问题追因分析	1. 学生就餐的管理不够严谨、标准，主要还是依赖教师管理，学生自主管理落实有难度 2. 学生自助用餐的意义及相关要求宣传不够到位，缺乏正确、有效的科学指导和引领
问题处理责任职能部门	徐汇（南校）学生发展中心
解决问题建议	1、加强学生午餐的制度化管理，注重就餐细节要求，加速培养学生干部的自主管理能力 2. 通过开设学生自主就餐的礼仪教育、学生午餐的营养需求等相关讲座，帮助学生进一步了解学生自助午餐的意义和做法，为每一位学生提供更好的就餐环境和就餐营养需求
问题解决反馈	1. 已经制定完成了学生午餐管理制度 2. 学生就餐秩序有很大改观